D1698240

Christopher Winn

DAS WEIHNACHTS-BUCH

DUMONT

BRÄUCHE UND TRADITIONEN AUS ALLER WELT

Inhalt

Einleitung

Stille Nacht, heilige Nacht … Ihr Kinderlein, kommet …
Süßer die Glocken nie klingen … Am Weihnachtsbaume
die Lichter brennen … Leise rieselt der Schnee … Es ist
ein Ros entsprungen … O du fröhliche … Kommet, ihr
Hirten, ihr Männer und Fraun … Macht hoch die Tür …
Kling, Glöckchen, klingelingeling … Vom Himmel hoch,
da komm ich her … Morgen, Kinder, wird's was geben …
Fröhliche Weihnacht überall …

Weihnachten ist eigentlich ein
christliches Fest, doch es wird überall auf der Welt, in jedem Land und
von jeder Nation, von Menschen
aller Glaubensrichtungen und sogar
von Nichtgläubigen gefeiert – man
schätzt, dass sich die Hälfte der
Weltbevölkerung aktiv daran beteiligt. Und während jede Gesellschaft
ihre eigenen Sitten und Traditionen
pflegt, findet man doch überall
Weihnachtsbräuche, deren Wurzeln
man bis nach Deutschland und zu
den Winterritualen der germanischen Völker Nordeuropas zurück-
verfolgen kann.

Der erste Weihnachtsbaum, der in Quellen belegt ist, stand 1419 in Freiburg. Doch weltweite Popularität erlangte Weihnachten, so wie wir es heute kennen, erst im Jahr 1848, als eine Illustration auf der Titelseite der Weihnachtsbeilage der *Illustrated London News* erschien, die Königin Victoria und Prinz Albert zusammen mit ihren Kindern um einen geschmückten Weihnachtsbaum gruppiert in Windsor Castle zeigte. Prinz Albert brachte die Bräuche seiner Heimat, des Herzogtums Sachsen-Coburg-Gotha, mit nach England. Es war allerdings nicht der erste Weihnachtsbaum außerhalb Deutschlands: Deutsche Immigranten hatten die Tradition zuvor schon vereinzelt an der Ostküste Nordamerikas eingeführt. Und sogar in Großbritannien hatte bereits im Jahr 1800 die deutsche Großmutter von Königin Victoria, Königin Charlotte, einen Baum zum Weihnachtsfest aufstellen lassen. Es war jedoch wohl das Zeitschriftenbild der Royals aus Windsor, das Weihnachten und einige der deutschen Gebräuche in der ganzen Welt berühmt machte.

Doch warum ist gerade Weihnachten ein solcher Exportschlager und damit das meistgefeierte Fest der Erde geworden? Welche althergebrachten heidnischen Riten wurden zu christlichen Traditionen umgewandelt, was davon wurde in anderen Teilen der Welt adaptiert, mit kulturellen Eigenarten vermischt und mittlerweile ebenfalls zu weihnachtlichem Brauchtum? Was bedeutet uns das Weihnachtsfest heute?

Dieses Buch soll dabei helfen zu ergründen, worum es bei Weihnachten geht, wie sich das Fest im Laufe der Zeit rund um den Globus entwickelt hat und was seine Faszination ausmacht.

Alle Jahre wieder …

Weihnachtliche Zeittafel

v. Chr.   Mittwinterfeste der Druiden, nordisches Julfest und
               römische Saturnalien

—   Jesus Christus wird in Bethlehem geboren.

n. Chr.

129   Das erste Weihnachtslied, »*Gloria in excelsis Deo*«
               (»Engelshymnus«), wird in Rom gesungen.

274   Wintersonnenwende, 25. Dezember: In Rom wird der
               Tempel von *Sol Invictus*, dem »unbesiegten Sonnengott«,
               eingeweiht.

313   Die Vereinbarung von Mailand erlaubt unter Kaiser
               Konstantin I. das Christentum im gesamten Römischen
               Reich.

325   Das Konzil von Nicäa, von Kaiser Konstantin einberu-
               fen, endet mit einem Bekenntnis zum Christentum, zu
               Jesus Christus als Sohn Gottes. Einer der Teilnehmer ist
               Nikolaus von Myra.

336   Der 25. Dezember als Tag der Geburt Jesu ist laut dem
               Codex *Chronograph von 354* zum ersten Mal ein Feiertag.

337   Kaiser Konstantin lässt sich auf dem Sterbebett taufen
               und wird so zum ersten christlichen Kaiser.

380	Kaiser Theodosius I. erklärt das Christentum zur offiziellen Staatsreligion des Römischen Reiches.
381	Auf dem Konzil von Konstantinopel wird der 25. Dezember offiziell als Datum der Geburt Christi festgelegt.
567	Das Konzil von Tours erklärt die zwölf Tage von Weihnachten bis Epiphanias zu einer sakralen, festlichen Zeit.
597	Erste Feier des *Christmas Day* in England. Augustinus von Canterbury tauft mehr als 10 000 englische Konvertiten in Canterbury.
1021	Schriftliche Erwähnung der Kirche Santa Maria »*ad praesepe*« (»Heilige Maria an der Krippe«) in Neapel
1066	Wilhelm der Eroberer wird am Weihnachtstag in der Westminster Abbey gekrönt.

1223   Franz von Assisi führt in Greccio in Italien das erste Krippenspiel mit Menschen und lebenden Tieren im Hintergrund auf.

1296   Wiener Dezembermarkt, der erste dokumentierte Wintermarkt

1419   Erster Bericht über einen Weihnachtsbaum in Freiburg

1434   Erster Dresdner Striezelmarkt

1492   Heiligabend: Die *Santa Maria*, eines der Schiffe von Christoph Kolumbus, läuft vor der Insel Hispaniola (heute Haiti und Dominikanische Republik) auf Grund. Aus den Wrackteilen wird ein Fort errichtet. Kolumbus lässt die Besatzung dort zurück und nennt diese erste spanische Kolonie in der Neuen Welt *La Navidad* – »Weihnachten«.

1510   Bericht über den ersten in Riga (Litauen) aufgestellten Weihnachtsbaum

1777   Heiligabend: Captain Cook entdeckt eine kleine Insel im Pazifischen Ozean, rund 2000 km südlich von Hawaii. Er nennt sie »Weihnachtsinsel« – heute lautet ihr Name Kiritimati. (Eine zweite »Weihnachtsinsel« liegt im Indischen Ozean, 350 km südlich von Java; so benannt wurde sie von dem englischen Kapitän William Mynors, der sie am 25. Dezember 1643 erreichte.)

1800   Erster Weihnachtsbaum in Großbritannien, in der *Queen's Lodge*, Windsor

1843   Henry Cole erfindet die Weihnachtskarte.

1848   Erste Erwähnung gläserner Christbaumkugeln im
         thüringischen Lauscha

1882   Erster Weihnachtsbaum mit elektrischer Beleuchtung
         in New York (USA)

1898   In Kanada kommt die erste Briefmarke mit dem Auf-
         druck »*XMAS*« heraus.

1914   Weihnachtsfrieden: Britische und deutsche Soldaten
         treffen sich an der Westfront in Flandern, um
         Geschenke auszutauschen und Fußball zu spielen.

1922   Heiligabend: Die BBC strahlt das erste, speziell für das
         Radio geschriebene Stück aus. Es ist ein Weihnachts-
         hörspiel für Kinder von Phyllis Twigg mit dem Titel *The
         Truth about Father Christmas*.

1965   Ausstrahlung des ersten Weihnachtsliedes aus dem
         Weltall. Nach einem scherzhaften Bericht über die
         Sichtung von Santa Claus in seinem Schlitten spielen
         die Astronauten von Gemini 6 »*Jingle Bells*« mit einer
         Mundharmonika, begleitet von Glöckchen-Klang.

1968   Erste Weihnachtsgrüße aus dem Weltall, gesendet von
         Astronaut Frank Borman, während er mit Apollo 8 den
         Mond umkreist: »Alles Gute, frohe Weihnachten und
         Gotte segne euch alle – euch alle auf der guten Erde.«

1969   Die Deutsche Bundespost gibt zum ersten Mal eine
         Weihnachtsmarke – mit Sonderzuschlag für wohltätige
         Zwecke – heraus.

2000   25. Dezember: erstes Weihnachtsfest des dritten Jahr-
         tausends

Kapitel 1

Weihnachten

»Für mich bedeutet Weihnachten –
das mag altmodisch oder modern klingen –
ganz einfach: Nächstenliebe.«

Bob Hope

In der Einleitung stellten wir die Frage, warum Weihnachten das meistgefeierte Fest der Welt ist. Mit anderen Worten: Was ist so besonders an Weihnachten, dass es so viele Menschen anspricht, ungeachtet ihrer Religion und Nationalität? Um diese Frage zu beantworten, müssen wir herausfinden, was Weihnachten ist und woher es kommt.

Schauen wir uns erst einmal an, was Weihnachten tatsächlich bedeutet.

Die deutsche Bezeichnung »Weihnachten« leitet sich von der heiligen Nacht ab. In einer Predigtsammlung und einem Gedicht aus der Zeit um 1170 erscheint das Wort zum ersten Mal; im Gedicht heißt es, Christus sei *ze wîhen naht*, also zur »geweihten Nacht« geboren worden.

Der englische Begriff *Christmas* verweist auf »*Christ's Mass*«, die anlässlich der Geburt Christi gefeierte Messe. »Messe« kommt vom lateinischen *missa*, was »entsenden« bedeutet. So wie ein Missionar ein Ausgesandter zur Verbreitung des Wortes Gottes ist, so werden am Ende der Messe die christlichen Gläubigen ausgesandt, ein christliches Leben zu führen. Der Name Christus kommt vom griechischen *ΧΡΙΣΤΟΣ* (gesprochen: »Kristos«), einer Übersetzung des hebräischen Wortes *maschiach* (»Messias«) für »Gesalbter«. Die häufig verwendete Abkürzung *Xmas* bezieht sich auf den ersten Buchstaben, das »X«, im griechischen Ausdruck. *Christmas*, das Weihnachtsfest, ist somit die Zeit, in der wir in die Welt hinausgesandt werden, um die Geburt des Messias zu verkünden.

Welche Geschichte steht hinter dieser Geburt, die wir feiern und der Welt kundtun?

Die Geschichte von der Geburt Christi, als »Weihnachtsgeschichte« bekannt, wird in der Bibel im Lukas- und Matthäusevangelium erzählt. Auf den folgenden Seiten wird diese Geschichte ganz kurz wiedergegeben.

Die Weihnachtsgeschichte

Vor etwas mehr als 2000 Jahren erschien der Erzengel
Gabriel einer Jungfrau namens Maria, die in Nazareth im
Gebiet von Galiläa lebte und mit Josef, einem Zimmer-
mann, verlobt war. Gabriel verkündete Maria, sie werde
ein Kind gebären, das der Sohn Gottes sei und den Namen
Jesus tragen solle. Ein anderer Engel erschien Josef und
eröffnete ihm, es sei der Wille Gottes, dass er Maria heirate
und das Kind wie seinen eigenen Sohn aufziehe. Kurz
vor der Geburt Jesu ließ der römische Kaiser Augustus
eine Volkszählung durchführen; dafür sollte jede Familie
im Römischen Reich den Heimatort des Familienvaters
aufsuchen. Josef stammte aus dem Haus Davids; seine Vorfahren lebten im rund 110 Kilometer entfernten Bethlehem.

Also begaben sich Josef und Maria, die nun seine Frau
war, auf die lange Reise nach Süden. Dort, in Bethlehem,
gab es jedoch in der Herberge keinen Platz mehr für sie,
da so viele Menschen zur Registrierung gekommen waren.
Maria und Josef suchten Schutz in einem Stall mit einem
Ochsen und einem Esel. Nachdem Maria ihren Sohn Jesus
zur Welt gebracht hatte, wickelte sie ihn in Windeln und
legte ihn in eine Krippe mit Stroh. In dieser Nacht erschien
ein Engel einigen Hirten auf dem Feld, die dort über ihre
Herde wachten, und erzählte ihnen von der Geburt eines
Erlösers, Christus des Herrn, in der Stadt Davids. Die Hirten eilten nach Bethlehem und fanden Jesus in dem Stall
in der Krippe liegen, genau so, wie es der Engel verkündet
hatte. Sie verbeugten sich und huldigten ihm als Messias.

Im Evangelium nach Matthäus heißt es:

Aus dem Osten kamen Sterndeuter, um dem König der Juden zu huldigen. Sie wurden von einem Stern nach Bethlehem geleitet, der über dem Ort stand, an dem das Jesuskind lag. Und die Sterndeuter fielen nieder, huldigten ihm und überreichten Gold, Weihrauch und Myrrhe als Geschenke. – So lautet also in etwa die Weihnachtsgeschichte.

Aber warum feiern Menschen, die keine Christen sind, das christliche Fest Weihnachten?

Weil Weihnachten viele der vorchristlichen und heidnischen Feste absorbiert, adaptiert und schließlich ersetzt hat, die von verschiedenen Völkern und Kulturen weltweit gefeiert wurden. Weihnachten bewahrte grundlegende Elemente dieser Feste und band sie ins Christentum ein. Über die Jahrhunderte kamen säkulare zu den religiösen Aspekten von Weihnachten hinzu, Dinge wie Einkaufen und üppiges Essen, die jedermann genießen kann, unabhängig von seinem Glauben und seiner Nationalität. Weihnachten ist zu einem Fest geworden, dem jeder seine individuelle Bedeutung zuschreiben kann.

Erforschen wir die Ursprünge von Weihnachten etwas genauer.
Viele heidnische Gesellschaften, deren Leben vom Rhythmus der Jahreszeiten geprägt war, feierten Feste zur Wintersonnenwende. Mittwinter war die dunkelste Zeit des Jahres, und die Zeremonien drehten sich um Hoffnungen und Gebete, dass die Sonne zurückkehren, wiedergeboren würde. Die Druiden glaubten, die Sonne stünde im Mittwinter für zwölf Tage still, und ließen während dieser Tage durchgehend ein Feuer brennen, um die Dunkelheit zu bannen und zum Schutz vor bösen Geistern. Ganz ähnlich war das beim zwölftägigen nordischen Julfest, bei dem die Menschen um Lagerfeuer saßen, sangen, tranken und schlemmten, um sich die dunklen Stunden zu vertreiben.

»Jul« ist einer der vielen Namen, die man dem nordischen Göttervater Odin gab. *Jul* leitet sich möglicherweise von dem altgermanischen *hweal* ab, was »Rad« bedeutete; es könnte also mit der nordischen Vorstellung von der Sonne und ihrer kreisförmigen Bahn am Himmel zusammenhängen. Die zwölf Tage im Dezember, an denen Jul in seinem Wagen die Erde besuchte, waren folglich die Julzeit oder *Yuletide*, wie die Briten die Weihnachtszeit auch nennen.

Die Römer hatten ihr eigenes Fest zur Wintersonnenwende, die Saturnalien, die viele Elemente mit der Julfeier teilen, wie wir später noch sehen werden.

Im 4. Jahrhundert wurden diese Mittwinterfeste angepasst und »christianisiert«, als der römische Kaiser Konstantin I. das Christentum im Reich zuließ. Später, 380 n. Chr., erhob Kaiser Theodosius das Christentum zur offiziellen Religion des Römischen Reiches. Über die erste Feier des 25. Dezember als Weihnachtstag im Jahr 336 n. Chr. wird im *Chronographen von 354* wie folgt berichtet: »*natus Christus in Betleem Iudeae*« (»Christus in Bethlehem, Judäa, geboren«).

Das Christentum und das Feiern von Weihnachten verbreiteten sich nach Ost und West im Römischen Reich, zunächst per Dekret und nach dem Ende des Weströmischen Reiches Ende des 5. Jahrhunderts durch vom Papst ausgesandte Missionare.

Nach England kam Weihnachten wohl 597 mit der Ankunft von Augustinus von Canterbury, den Papst Gregor der Große zur Bekehrung der heidnischen Angelsachsen nach Kent geschickt hatte, wo er am ersten Weihnachtstag jenes Jahres Tausende Konvertiten taufte. Zur selben Zeit missionierten etwa der Ire Columban von Luxeuil und sein Schüler Eustasius in Teilen des Frankenreichs, also in einem Gebiet, das dem heutigen Frankreich, Süddeutschland, Österreich und der Schweiz entspricht.

Am Ende des ersten Jahrtausends waren die meisten Völker Europas zum Christentum übergetreten. Als die europäischen Nationen dann ab dem Ende des 15. Jahrhunderts mit der Kolonisation neuer Welten begannen, nahmen sie Weihnachten dorthin mit, nach Mittel- und Nordamerika, Indien, Malaysia, China und Afrika sowie auf die Südhalbkugel, nach Südamerika und Australasien.

Die Briten des 19. Jahrhunderts, die mehr als ein Viertel der Welt beherrschten, belebten die Weihnachtsriten neu, was im Wesentlichen Prinz Albert und Charles Dickens zu verdanken war. Und sie trugen das Fest rund um den Globus in jeden Winkel des britischen Weltreichs. Doch die Viktorianer waren gleichermaßen Geschäftsleute wie Missionare, und sie propagierten den Handel ebenso wie Weihnachten. Viele Menschen weltweit, die kein Interesse an den religiösen Aspekten des Weihnachtsfests hatten, erkannten trotzdem dessen kommerzielles Potenzial. So begannen sich die Feierlichkeiten im Verlauf des 20. Jahrhunderts immer weniger um Religion und mehr um Geschenke und Kommerz zu drehen. In mancherlei Hinsicht kehrt Weihnachten damit zu seinem Ausgangspunkt zurück – von einem Fest für Heiden zu einem Fest für Konsumenten.

Warum der 25. Dezember?

An Weihnachten feiern wir die Geburt Christi, nicht seinen Geburtstag. Anders gesagt: Der 25. Dezember ist der offizielle Geburtstag Christi, nicht sein tatsächlicher. Niemand kennt das Datum, an dem er wirklich geboren wurde. Die Bibel sagt nichts dazu, obwohl Gelehrte versucht haben, Hinweise in der Erzählung von Lukas auszumachen. Etwa in der Aussage, dass am Tag, als Jesus geboren wurde, »in der Gegend Hirten auf dem Feld lagerten und Nachtwache über ihre Herden hielten«.

Hirten lassen ihre Schafe nur in den Sommermonaten auf dem Feld und bringen sie im Herbst nach Hause. Somit könnte Jesus früher im Jahr, also etwa im Spätsommer oder Herbst geboren worden sein, im September oder spätestens im Oktober. Doch niemand weiß das sicher.

Die frühen Christen hätten sowieso nicht den tatsächlichen Geburtstag von Jesus gefeiert, selbst wenn sie das Datum gekannt hätten. Geburtstage waren kein Anlass zum Feiern. In der gesamten Bibel finden sich überhaupt nur zwei direkte Erwähnungen von Geburtstagen.

Der Tag, an dem ein Heiliger starb, wurde als viel bedeut-
samer erachtet, denn es war der Tag, an dem der Heilige
eins mit Gott wurde. Folglich sind Karfreitag und Ostern,
der Tod am Kreuz und die Auferstehung Christi, noch
immer die wichtigsten religiösen Feiertage der christlichen
Kirche.

Als das Christentum zur offiziellen Religion der Römer
wurde, sah die Obrigkeit die Notwendigkeit für ein from-
mes Fest als Ersatz für die rüden heidnischen Winterfeste,
die für Trunkenheit, anzügliches Benehmen und Völlerei
standen. Um Unmut zu vermeiden, den Strafe oder das
Verbot von traditionellen Gelagen hervorgerufen hätte,
beschloss die Kirche, die Menschen stattdessen durch die
diskrete Integration dieser Feste in eine christliche Feier-
lichkeit anzulocken.

Doch was sollte man feiern? Christi Tod und Auferstehung
wurden bereits an Ostern zelebriert. Warum also nicht
seine Geburt feierlich begehen? Und so machten sie es auch.

Dies und das

Die Tatsache, dass Christus einen im Nachhinein beschlossenen Geburtstag (25. Dezember) hat, ist nicht so ungewöhnlich. Viele Staatsoberhäupter haben einen offiziellen Geburtstag. Britische Königinnen und Könige feiern ihn im Juni, unabhängig von ihrem tatsächlichen Geburtstag. Die aktuelle Königin Elizabeth II. wurde am 21. April geboren, feiert ihren offiziellen Geburtstag aber am zweiten Samstag im Juni mit einer großen Militärparade. Die Tradition begann 1748 mit König George II. Sein Geburtstag lag im November – ebenfalls kein optimaler Termin für eine Geburtstagsparade, denn auf der Insel kann das Wetter im November recht hässlich sein. Also beschloss er, sein Geburtstag solle im Sommer gefeiert werden, wenn die Wahrscheinlichkeit für schönes Wetter größer ist.

Der 25. Dezember als offizieller Tag von Christi Geburt wurde aus verschiedenen Gründen gewählt. In dem damals gebräuchlichen Kalender war der 25. Dezember der kürzeste Tag des Jahres, der Tag, an dem die Sonne mittags ihren niedrigsten Stand erreichte. Es war der Höhepunkt des römischen Winterfests der Saturnalien und eben der Zeitpunkt, an dem das Licht wieder zunahm, und so galt dieser Tag den Römern als *dies invicti nati*, als Geburtstag des *Sol Invictus*, des »unbesiegten Sonnengottes«. Die christliche Kirche übertrug das geschickt auf den Geburtstag des Gottessohnes.

Der 25. Dezember passte auch sehr gut zum Datum eines anderen christlichen Festes, der Verkündigung des Herrn. Die Verkündigung war der Moment, in dem der Engel Gabriel der Jungfrau Maria erschien und ihr eröffnete, der Heilige Geist werde über sie kommen und sie werde einen Sohn empfangen, der der Sohn Gottes sei und Jesus heißen solle. Dieses Ereignis wird am 25. März gefeiert, nach dem damaligen Kalender der Tag der Frühlings-Tagundnachtgleiche. Nach einer alten und ziemlich mysteriösen Berechnung entspricht das Frühjahrsäquinoktium dem vierten Tag der Schöpfung, als Gott sprach: »Es werde Licht!« In gleicher Weise kam am 25. März durch die Empfängnis von Jesus, den die Christen als »Licht der Welt« bezeichnen, das Licht zu den Menschen. Wenn Jesus also am 25. März empfangen wurde, war man neun Monate später beim 25. Dezember. Ganz einfach.

Io Saturnalia!

Das römische Fest der Saturnalien wurde zu Ehren von Saturn, dem Gott des Ackerbaus (*satus* ist lateinisch für »säen«), abgehalten und markierte das Ende der Winteraussaat. Das Fest war im Grunde die römische Fortschreibung all jener heidnischen Winterfeste, die es schon davor gegeben hatte, angefangen bei der Verehrung des persischen Sonnengottes Mithra, aus der sich eventuell der römische Mithraskult entwickelt hat, bis zu keltischen und nordischen Feuerfesten.

Die Saturnalien waren die Belohnung für ein langes, hartes Jahr der Schufterei auf den Feldern. Die Ernte war eingebracht, die Winteraussaat erledigt, das Vieh war geschlachtet, und so hatte man reichlich Fleisch zum Schlemmen. Arbeit und Geschäfte ruhten, die Läden waren geschlossen. Die Tage waren kurz, man konnte also wenig tun – außer zu feiern.

Weil man sich die Herrschaft Saturns als Goldenes Zeitalter des Friedens und des Überflusses vorstellte, als Zeit, in der alle gleich wären und es keine Herren und Diener gäbe, lockerte man während des Saturn-Fests die Regeln: Soziale und moralische Normen wurden auf den Kopf gestellt, man trug zwanglose Kleidung, und man erlaubte es den Sklaven sogar, aus der Rolle zu fallen und sich respektlos gegenüber ihren Herren zu benehmen. Tatsächlich fand häufig ein Rollentausch statt, und Herren bedienten ihre Sklaven und Bediensteten. Trinkgelage, Völlerei und Krakeelerei waren angesagt. Die Saturnalien, vom Dichter Catull als »die beste aller Zeiten« beschrieben, waren eine Zeit des allgemeinen Wohlwollens. Und so wie wir uns gegenseitig heutzutage »Frohe Weihnachten« wünschen, riefen sich die Römer ein lautes *»Io Saturnalia!«* zu.

Saturn selbst, in den Worten des im 2. Jahrhundert n. Chr. wirkenden Dichters Lukian von Samosata, beschreibt sein Fest folgendermaßen:

»In diesen sieben Tagen ist mir nicht erlaubt, irgend etwas ernsthaftes und wichtiges zu verrichten: mich betrinken, jauchzen, spielen, würfeln, Festkönige bestellen, die Sclaven gastiren, nackend singen und tanzen, auch wohl gar mir das Gesicht mit Ruß beschmieren und mich in kaltes Wasser werfen lassen, das alles kann und darf ich so viel mirs beliebt.«

Wenn man's recht überlegt, klingt das doch ganz ähnlich wie die übliche Weihnachtsfeier im Büro. Im Englischen hat sich der Ausdruck *saturnalian* für »wüst, ausgelassen« eingebürgert.

Weitere römische Feiertage waren die *Kalendae*, die jeweils ersten Tage der Monate.

Die Kalenden des Januars waren ein Tag der Erholung und des Kraftschöpfens für jedermann. Die Häuser wurden zur Begrüßung des neuen Jahres mit immergrünen Pflanzen und Kerzen geschmückt und die Menschen angehalten, einander Geschenke zu geben. Besonders ermutigte man sie, dem Kaiser Weihegeschenke, die *vota*, zu überreichen. Wie uns Libanios, ein Schriftsteller aus dem 4. Jahrhundert, berichtet:

»Der Drang zum Ausgeben erfasst jeden. Jedermann ist nicht nur großzügig gegenüber sich selbst, sondern auch gegenüber seinen Mitmenschen. Ein Strom von Geschenken ergießt sich nach allen Seiten. Ein weiterer wichtiger Aspekt des Festes ist, dass es die Menschen lehrt, sich nicht zu sehr an ihr Geld zu klammern, sondern es zu teilen und in andere Hände übergehen zu lassen.«

Unser modernes Weihnachtsfest hat ganz klar einige Elemente wie üppiges Essen, das Verteilen von Geschenken und das Anzünden von Kerzen von den Saturnalien, Kalenden und anderen Mittwinterfesten übernommen. Weihnachten hat also heidnische Wurzeln. Betrachten wir nun einige der Weihnachtsbräuche etwas näher, um ihren Ursprung zu erkunden. Beginnen wir mit dem Advent.

Kapitel 2

Der Weihnachtsbaum

»Der typische Duft des Weihnachtsbaums –
voller angenehmer Erinnerungen …«

Königin Victoria

Advent: Der Baum

Weihnachten, so denken die meisten, beginnt mit dem Advent, doch das stimmt nicht.

Das Wort »Advent« leitet sich vom lateinischen *adventus* ab, was »Ankunft« bedeutet; es meint die Zeit bis Weihnachten, in der sich Christen auf die Ankunft Christi am Weihnachtstag vorbereiten.

Der Advent eröffnet das Kirchenjahr: Er beginnt offiziell am ersten Adventssonntag, etwa vier Wochen vor Weihnachten. Man wählte die Adventszeit als Beginn des Kirchenjahres, denn sie repräsentiert die Dunkelheit und Ungewissheit, bevor Christus auf die Welt kommt und das Licht verbreitet.

Der Advent ist also genau genommen nicht der Anfang der Weihnachtszeit – diese beginnt nach Sonnenuntergang am Heiligabend und dauert zwölf Tage bis Epiphanias, dem Dreikönigstag am 6. Januar.

Es gibt zwei Aspekte der Ankunft Christi, auf die wir uns in der Adventszeit vorbereiten. Die eine an Weihnachten gefeierte Ankunft ist die Geburt Christi in Bethlehem vor rund 2000 Jahren. Die andere Ankunft bezieht sich auf die Wiederkunft des Herrn am Ende aller Tage, um über die Lebenden und die Toten zu richten. Die ersten beiden Adventswochen sind auf diese Wiederkunft ausgerichtet. Die Lieder, Predigten und Lesungen sind eher ernst und nachdenklich, denn sie sollen zu Gedanken der Buße angesichts des Jüngsten Gerichts anregen. Die letzten beiden Wochen sind dagegen heiterer, denn wir denken über die bevorstehende Geburt Christi und die damit verbundenen Festivitäten nach. Der Übergang von Kontemplation zu Fröhlichkeit erfolgt am dritten Adventssonntag, der den Namen *Gaudete* – lateinisch für »Freuet euch« – trägt.

Mit dem Advent verbinden wir viele unterschiedliche Aktivitäten, doch fast jeder wird irgendwann in den Tagen vor Weihnachten den Weihnachtsbaum aufstellen.

Der Weihnachtsbaum

Der Weihnachtsbaum, auch »Christbaum« genannt, steht im Mittelpunkt des Weihnachtsfests. Ursprünglich wurde er an Heiligabend aufgestellt, doch heute, wo die Weihnachtsvorbereitungen immer früher beginnen, tauchen Weihnachtsbäume bereits ab dem 1. Dezember oder sogar noch früher auf.

Papst Johannes Paul II. bezeichnete den Weihnachtsbaum als ein »Symbol Christi«: Er erinnere die Christen an den Baum des Lebens aus der *Genesis*, und seine immergrüne Erscheinung sei ein Zeichen des ewigen Lebens. Ebenso wie Weihnachten selbst hat auch der Weihnachtsbaum seine Ursprünge in uralten heidnischen Gebräuchen. Seit Menschengedenken sah man in immergrünen Pflanzen ein Symbol der Hoffnung und festlicher Anlässe, weil sie mit ihrem Grün zeigen, dass das Leben auch in den dunklen Wintermonaten weitergeht. Die alten Ägypter schmückten ihre Häuser mit Palmwedeln und grünen Binsen, um den kürzesten Tag des Jahres, die Wintersonnenwende, zu feiern, den Zeitpunkt, wenn der Sonnengott Ra seine Kraft und Macht zurückgewinnt. Die Druiden brachten die Zweige immergrüner Pflanzen als Zeichen des Wiederauflebens in ihre Tempel und hängten Nüsse und Früchte als kleine Geschenke für die Wintergottheiten an den Zweigen von Kiefern auf. Die Römer schmückten ihre Häuser während des Mittwinterfests der Saturnalien mit immergrünen Pflanzen.

Es gibt viele Legenden darüber, wie Weihnachten zu seinem Baum kam. Eine der plausibleren ist, dass der Weihnachtsbaum aus dem Paradiesbaum entstanden ist.

Der Paradiesbaum

Bäume spielten immer eine wichtige Rolle in den Geschichten der Bibel. In jener von Adam und Eva beispielsweise verführt eine in den Blättern des Baums der Erkenntnis verborgene Schlange Eva dazu, von der verbotenen Frucht des Baums zu essen und anschließend auch Adam davon probieren zu lassen, was die Vertreibung aus dem Paradies zur Folge hat. Im Mittelalter erzählte man die Geschichte von Adam und Eva in Form sogenannter »Paradiesspiele«, die überall im nördlichen Europa für jene aufgeführt wurden, die nicht lesen konnten. Mittelpunkt dieser Spiele war eine Darstellung des Baums der Erkenntnis, des Paradiesbaums – als solcher diente meist eine mit roten

Äpfeln geschmückte große Kiefer. Aus dem Immergrün der Nadeln und dem Rot der Äpfel ergaben sich die traditionellen Weihnachtsfarben Grün und Rot.

Nach der Reformation im 16. Jahrhundert wurden Paradiesspiele unpopulär, doch in vielen nordeuropäischen Städten stellte man nun Paradiesbäume auf öffentlichen Plätzen anlässlich des Gedenkens an Adam und Eva am 24. Dezember auf. Zum Teil wurden auch Holzpyramiden aufgebaut, die den Paradiesbaum symbolisierten.

Bonifatius

Eine andere Legende bringt den Weihnachtsbaum mit dem angelsächsischen Mönch Bonifatius in Verbindung, der im 8. Jahrhundert von England nach Deutschland entsandt wurde, um die dortigen Germanenstämme zu missionieren. Die Sachsen im Norden Deutschlands verehrten Bäume, speziell Eichen, und brachten ihnen sogar Menschenopfer dar. An einem Heiligabend soll Bonifatius an einem heidnischen Dorf vorbeigekommen sein, dessen Bewohner im Begriff waren, anlässlich der Wintersonnenwende Thor, dem Gott des Donners, einen Jungen zu opfern. Das Kind lag bereits unter der sogenannten Donareiche. Bonifatius kam zum Glück rechtzeitig dazu, um die Tragödie zu verhindern. Mit seinem Stock wehrte er den tödlichen Schlag gegen das Kind ab, ergriff eine Axt und fällte damit die Eiche. Die Dorfbewohner standen entsetzt daneben und warteten darauf, dass Thor Bonifatius mit seinem Hammer niederstrecken würde. Doch Hammerschläge und Blitze blieben aus. Bonifatius stand einfach da, wegen der Anstrengung leicht schnaufend, aber sonst völlig unversehrt.

Es gibt verschiedene Erzählungen darüber, was er dann zu den Dorfbewohnern gesagt haben soll. Die Kernaussage war wohl diese:

»Seht ihr diesen kleinen Tannenbaum zwischen den Wurzeln der gefällten Eiche wachsen? Macht ihn heute Abend zu eurem heiligen Baum. Dies ist der Baum des Christkinds, denn er zeigt zum Himmel und seine Nadeln sind immer grün, ein Zeichen des ewigen Lebens. Nehmt ihn mit in eure Häuser, er soll Geschenke der Güte beschirmen, nicht blutige Taten.«

Von da an begannen die Menschen, an Heiligabend einen Tannenbaum in ihre Häuser zu stellen, als Symbol für Jesus und zum Wohlgefallen für alle Menschen.

Wenn diese Geschichte stimmen würde, dann wäre der Weihnachtsbaum von einer deutschen Königin in Großbritannien eingeführt worden – dazu später mehr –, doch es wäre ein englischer Mönch gewesen, der die Deutschen überhaupt auf diese Idee gebracht hätte. Zugegebenermaßen ein englischer Mönch mit germanischen Wurzeln.

Martin Luther

Die Geschichten vom Paradiesbaum und vom heiligen Bonifatius entstammen der katholischen Folklore. Protestanten haben ihre eigene Legende. Ihr zufolge war es Martin Luther, der Initiator der Reformation Anfang des 16. Jahrhunderts, der als Erster einen Weihnachtsbaum im Haus aufstellte. Warum tat er das?

Als Luther an einem Heiligabend durch einen verschneiten Wald wanderte, war er tief beeindruckt von der Schönheit der durch die Tannen blitzenden Sterne. Da er wollte, dass seine Kinder diesen Zauber mit ihm teilen konnten, fällte er einen kleinen Baum, trug ihn nach Hause und steckte Kerzen an die Zweige, um das Funkeln der Sterne zu imitieren und um Jesus Christus, das »Licht der Welt«, zu ehren. Er stellte den Baum nahe beim Fenster auf, sodass die draußen vorbeigehenden Menschen ihn sehen und sich daran erfreuen konnten.

Der erste Weihnachtsbaum

Die Idee des Weihnachtsbaums stammt zweifellos aus Deutschland. Laut zuverlässigen Berichten wurde der erste Weihnachtsbaum im Jahr 1419 in Freiburg im Breisgau am Rand des Schwarzwalds aufgestellt. Die Bäcker der Stadt schmückten ihn mit Früchten, Nüssen und natürlich mit Backwaren, die an Neujahr an die Kinder verteilt wurden. Handelsgilden in ganz Nordeuropa griffen die Idee auf und präsentierten geschmückte Bäume vor ihren Gildehäusern.

Ein weiteres frühes Exemplar eines Weihnachtsbaums wurde 1510 auf dem Marktplatz der lettischen Stadt Riga aufgestellt. Eine ins Pflaster vor dem wunderschön rekonstruierten Schwarzhäupterhaus aus dem 14. Jahrhundert eingelassene Plakette trägt die Inschrift »Der erste Neujahrsbaum in Riga 1510«. Die Schwarzhäupter waren eine Vereinigung unverheirateter deutscher Kaufmannsgesellen, die ihren Namen von einem Mohrenkopf, dem Symbol ihres Schutzpatrons, des Heiligen Mauritius, ableitete. Offenbar trugen die Schwarzhäupter schwarze Hüte und tanzten um den Baum, der zu Ehren der Jungfrau Maria festlich mit Papierrosen dekoriert war. Danach wurde der Baum in einer Zeremonie in Brand gesetzt, die christliche Riten mit heidnischen Festbräuchen der Druiden und Nordvölker verband, bei denen ein Julscheit oder ein ganzer Baum entzündet und verbrannt wurde.

Der erste Weihnachtsbaum in Großbritannien

Der erste Weihnachtsbaum wurde nicht, wie viele glauben, von Prinz Albert in Großbritannien eingeführt, sondern von der deutschen Großmutter seiner Frau Victoria, also von Königin Charlotte, der Gemahlin von George III. Laut Berichten stellte sie im Jahr 1800 einen Weihnachtsbaum im Salon der *Queen's Lodge* in Windsor auf.

Königin Charlotte kam aus dem Herzogtum Mecklenburg-Strelitz in Norddeutschland, wo es zur Weihnachtszeit Brauch war, einen Eibenzweig ins Haus zu holen und mit Kerzen zu schmücken. Charlotte hatte diesen Brauch stets geliebt und war entschlossen, ihn nach ihrer Hochzeit 1761 mit König George auch in England beizubehalten. So ließ sie jedes Jahr einen Eibenzweig im Salon von Windsor oder des Kew Palace aufstellen – je nachdem, wo die königliche Familie die Weihnachtstage verbrachte. Er wurde mit Kerzen und kleinen Geschenken dekoriert. Dann entzündete man die Kerzen und versammelte sich um den Zweig, um gemeinsam Lieder zu singen. Anschließend verteilte Königin Charlotte persönlich die Präsente.

Im Jahr 1800 beschloss Königin Charlotte, eine große Weihnachtsfeier in Windsor für die Kinder einiger angesehener örtlicher Familien zu organisieren. Aufgrund der langen Einladungsliste war bald klar, dass an einem Eibenzweig nicht genug Platz für all die benötigten Geschenke war. Charlotte ließ also einen kompletten Baum mitten im Raum aufstellen, den sie üppig schmückte. Zum Glück hat uns Charlottes Biograf Dr. John Watkins eine lebhafte Schilderung dieses ersten Weihnachtsbaums in Großbritannien hinterlassen.

»In der Mitte des Raums stand ein riesiger Bottich mit einer Eibe darin, an deren Ästen in Papierpäckchen eingewickelte Süßigkeiten, Mandeln und Rosinen, Früchte und Spielsachen hingen, alles höchst geschmackvoll arrangiert und von kleinen Wachskerzen beleuchtet. Nachdem die Gesellschaft um den Baum geschritten war und ihn bewundert hatte, bekam jedes Kind einen Anteil der Süßigkeiten und dazu ein Spielzeug, bevor alle beglückt nach Hause gingen.«

Rasch verbreitete sich die Kunde von diesem wundersamen Baum, und überall in England tauchten bald ähnliche Weihnachtsbäume in aristokratischen Häusern auf. Jeder immergrüne Baum war geeignet, doch man bevorzugte Kiefern und Tannen wegen ihrer schönen Silhouette und ihres prächtigen Wuchses. Außerdem waren sie dank ihrer flachen Wurzelballen leichter auszugraben.

Leider gibt es den Raum in Windsor, in dem Königin Charlotte den ersten Weihnachtsbaum in Großbritannien aufstellte, nicht mehr. George IV. ließ die *Queen's Lodge* an der Südfassade von Windsor Castle 1823 einreißen, weil sie seine Sicht auf die Allee *The Long Walk* behinderte.

Königin Victoria, Charlottes Enkelin, heiratete 1840 Prinz Albert. Er stammte aus Coburg, wo der Weihnachtsbaum schon eine lange Tradition hatte. Prinz Albert ließ nun jedes Jahr im Dezember Fichten aus Coburg kommen, damit auch seine Kinder in den Genuss eines Weihnachtsbaums kamen, den er und sein Bruder Ernst als Kinder so geliebt hatten.

Nachdem ein Bild von Prinz Albert und Königin Victoria
gemeinsam mit ihren Kindern vor dem Weihnachtsbaum in
Windsor Castle 1848 die Titelseite der Weihnachtsausgabe
der *Illustrated London News* geziert hatte, wurde der Weihnachtsbaum in ganz Großbritannien populär. Zunächst
konnten sich nur eher begüterte Familien einen Baum leisten,
doch Prinz Albert förderte die Aufstellung von Weihnachtsbäumen auf öffentlichen Plätzen zur Erbauung jener, die sich
selbst keinen Baum leisten konnten. Und er schickte bereits
fertig geschmückte Bäume in die Kasernen von Windsor, an
Schulen und Krankenhäuser.

Mit der steigenden Nachfrage nach Weihnachtsbäumen wurden diese erschwinglicher, und Tausende von Bäumen wurden
speziell für Weihnachten angepflanzt. Heute werden in Großbritannien jedes Jahr rund 8 Millionen Weihnachtsbäume
verkauft (in Deutschland sind es rund 30 Millionen).

Der vielleicht berühmteste Weihnachtsbaum Großbritanniens
ist der vom Trafalgar Square in London. Seit 1947 schenkt die
norwegische Stadt Oslo den Briten jedes Jahr eine mächtige
Fichte zum Dank für deren Beistand im Zweiten Weltkrieg.
Der Baum wird im November in Norwegen im Beisein des
britischen Botschafters und der Bürgermeister von Oslo und
Westminster gefällt, dann verschifft und Anfang Dezember
am Trafalgar Square aufgestellt. Er ist mit Hunderten weißer
Lämpchen geschmückt, die in einer speziellen Zeremonie
jeweils am ersten Donnerstag im Dezember angeschaltet
werden. Für viele Briten ist dies das Startsignal für Weihnachten. Den ganzen Dezember über kommen Menschen aus
aller Welt dorthin, um unter dem Baum Lieder zu singen. Am
Dreikönigstag wird er abgebaut und zu Mulch verarbeitet. Ein
weiterer Weihnachtsbaum als Geschenk aus Norwegen, und
zwar aus der Partnerstadt Drøbak, zierte im Übrigen nach
der Wiedervereinigung viele Jahre lang den Pariser Platz am
Brandenburger Tor; seit 2014 verwendet man jedoch Tannen
aus Thüringen, da die Transportkosten zu hoch wurden.

Dies und das

Obwohl Königin Charlotte vermutlich im Jahr 1800 den ersten
offiziellen Weihnachtsbaum Großbritanniens aufstellen ließ, ist es gut
möglich, dass es dort schon lange vorher mit Weihnachten assoziierte
Bäume gab. Hier ist ein Beitrag, den der Londoner Historiker John
Stow zu diesem Thema in seiner 1603 veröffentlichten Studie *Survey
of London* schrieb:

»Vor dem Weihnachtsfest waren sämtliche Häuser
und ebenso die Pfarrkirchen mit Steineichenzweigen,
Efeu und Lorbeer und allem, was die Jahreszeit an
Grün bot, geschmückt. Es heißt, im Jahr 1444 habe in
der ersten Februarnacht ein verheerender Gewitter-
sturm gewütet. Am Morgen von Lichtmess sei bei
Leaden Hall in Cornhill ein im Pflaster verankerter
Baum, üppig geschmückt mit Stechpalmen und Efeu
zur Freude der Menschen an Weihnachten, vom bösen
Geist herausgerissen und umgeworfen worden.«

Der älteste heute bekannte lebende Weihnachtsbaum in Großbritannien ist ein 30 Meter hoher Mammutbaum, der im Wrest Park in Bedfordshire wächst.

Er wurde 1856 von Thomas de Grey, dem zweiten Earl de Grey und damaligen Besitzer des Anwesens, gepflanzt, als Weihnachtsbäume dank der Königsfamilie in Mode kamen. De Grey ließ den Baum jedes Jahr ausgraben und ins Haus bringen, wo er mit Süßigkeiten, Kerzen und selbstgemachten Kugeln dekoriert wurde. Waren die Festtage vorbei, pflanzte man den Baum wieder im Garten für das nächste Weihnachtsfest ein. Irgendwann war er zu groß für das Aufstellen im Haus und durfte ungestört draußen wachsen. Im Jahr 2014 krönte man die Spitze des Baumes an Weihnachten erneut mit einem großen Stern. Und so übernahm der ehrwürdige Mammutbaum nach über 100 Jahren nochmals die Rolle als ganz besonderer Weihnachtsbaum.

Auch der älteste lebende Weihnachtsbaum in Deutschland ist ein Mammutbaum: ein mehr als 36 Meter hoher Baum, der um 1902 in einem Pfarrgarten im badischen Rheinfelden-Eichsel gepflanzt wurde. Nach wie vor erfüllt er jedes Jahr, besetzt mit 13 000 Lichtern, strahlend seine weihnachtliche Funktion.

Weihnachtsbäume weltweit

Heute findet man Weihnachtsbäume rund um den Globus, und etwa 300 Millionen Bäume werden jedes Jahr zur Befriedigung der Nachfrage herangezogen. Ausgehend vom Paradies hat der Weihnachtsbaum einen langen Weg hinter sich.

USA

Der Weihnachtsbaum wurde im 18. Jahrhundert von deutschen Einwanderern an die Ostküste Nordamerikas gebracht, etwa nach Quebec, Connecticut und Pennsylvania. Die Idee, einen geschmückten Weihnachtsbaum im Haus zu haben, verbreitete sich aber erst nach der Veröffentlichung des bereits erwähnten Bildes der um den Weihnachtsbaum von Windsor Castle versammelten englischen Königsfamilie in der populären US-amerikanischen Frauenzeitschrift *Godey's Lady's Book* im Jahr 1850. Dies war die erste Abbildung eines geschmückten Weihnachtsbaums, die in Amerika größere Verbreitung fand. Die ursprünglich 1848 auf der Titelseite der *Illustrated London News* erschienene Zeichnung war dezent verändert worden, um die Königsfamilie eher wie eine amerikanische Familie aussehen zu lassen: Königin Victorias Tiara sowie Prinz Alberts Schnurrbart waren entfernt worden. Nur 20 Jahre nach Veröffentlichung dieses Bildes stellte man überall in Amerika mit großer Begeisterung Weihnachtsbäume auf.

In den USA werden Weihnachtsbäume oft mit Popcorngirlanden geschmückt – eine Reminiszenz an jene Zeiten, in denen man den Baum im Freien ließ und mit Früchten oder Nüssen für die Vögel behängte. Heute sind die Bäume mit Lichtern dekoriert. Der erste mit elektrischen Kerzen beleuchtete Baum gehörte Edward H. Johnson, Geschäftspartner von Thomas Edison, einem der frühen Pioniere der elektrischen Glühbirne. Johnson hatte die Idee, Glühbirnen speziell für den Weihnachtsbaum zu fertigen, und bestellte 80 kleine rot, weiß und blau strahlende Lämpchen, die er am 22. Dezember 1882 über den Baum in seinem Haus an der Fifth Avenue in New York hängte.

Der vielleicht bekannteste amerikanische Weihnachtsbaum ist der *Rockefeller Center Christmas Tree* in New York, der erstmals 1931 von Bauarbeitern dort als kleiner unbeleuchteter, mit Cranberries und Papiergirlanden geschmückter Baum aufgestellt wurde. Heutzutage werden die Lichter des Rockefeller-Weihnachtsbaums Ende November vom New Yorker Bürgermeister in einer öffentlichen Zeremonie angeschaltet, die von NBC in einer speziellen Sendung übertragen wird. Der Baum und die 1936 eröffnete Schlittschuhbahn davor sind weltweit bekannt und in unzähligen Hollywoodfilmen zu sehen.

Der US-amerikanische *National Christmas Tree* steht auf dem Gelände des Weißen Hauses in Washington, D. C., und wird vom Präsidenten persönlich angeschaltet. Präsident Calvin Coolidge begründete 1923 diese Tradition. Den ersten Weihnachtsbaum im Inneren des Weißen Hauses stellte man in den 1850er-Jahren unter Präsident Franklin Pierce auf. Präsident Benjamin Harrison ließ 1889 einen geschmückten Baum im Yellow Oval Room aufstellen und verkleidete sich dafür als Santa Claus. Der erste Weihnachtsbaum des Weißen Hauses mit elektrischer Beleuchtung wurde 1895 von Präsident Grover Cleveland angeschafft.

Amerikas erster öffentlicher beleuchteter Weihnachtsbaum unter kommunaler Regie wurde 1909 in Pasadena in Kalifornien präsentiert – der Beginn einer bis heute andauernden Tradition.

Australien und Neuseeland

Britische Immigranten brachten den Weihnachtsbaum in der zweiten Hälfte des 19. Jahrhunderts nach Australien, wo die Weihnachtsgebräuche ganz ähnlich wie die in Großbritannien sind. Weil Weihnachten in den australischen Sommer fällt, feiert man oft am Strand, und die Bäume werden manchmal mit Muscheln geschmückt. Australiens erster öffentlicher Weihnachtsbaum wurde in Adelaide aufgestellt, doch heute steht der spektakulärste Baum des Landes am Federation Square in Melbourne.

In Neuseeland gilt das immergrüne Küstengewächs Pohutukawa (*Metrosideros excelsa*) mit seinen hellroten Blüten seit Langem als der landestypische Weihnachtsbaum. Der erste Hinweis auf die weihnachtliche Verwendung von Pohutukawa stammt aus dem Jahr 1857, als die Pflanze als Tischdekoration beim Weihnachtsfest eines Ngapuhi-Häuptlings im Nordteil der Nordinsel erwähnt wurde. Die frühen europäischen Siedler scheinen den Pohutukawa-Baum direkt übernommen zu haben, der dann als *Settler's Christmas Tree* bekannt wurde. Er taucht heute in Liedern und auf Weihnachtskarten auf und ist für Neuseeländer das Weihnachtssymbol schlechthin.

Japan

Mit dem wachsenden westlichen Einfluss auf Japan wurde dort auch Weihnachten populär, doch eher als kommerzielles Großereignis und weniger als religiöses Fest. Manche Familien stellen kleine Weihnachtsbäume zu Hause auf. Zu den beliebten Dekorationen gehören *mikan* (die mandarinenartige Zitrusfrucht Satsuma), Puppen, Laternen, Windspiele, Papierfächer und die besonders bei Kindern beliebten Origami-Kraniche. In Osaka scheint Weihnachten besonders geschätzt zu werden; dort gibt es einen großen deutschen Weihnachtsmarkt und einen riesigen Weihnachtsbaum, der in den vergangenen Jahren mit seinen rund 550 000 Lichtern mehrfach als »künstlicher Weihnachtsbaum mit den meisten Lichtern« im *Guinness-Buch der Rekorde* aufgeführt wurde.

Frankreich

Während Großbritannien seinen ersten Weihnachtsbaum Königin Charlotte von Mecklenburg verdankt, war es ebenfalls eine Adelige aus Mecklenburg, Herzogin Helene Luise, die den Weihnachtsbaum nach Frankreich brachte. Drei Jahre nach ihrer Hochzeit mit Ferdinand Philippe, dem Herzog von Orléans, ließ Herzogin Helene 1840 einen Baum im Palais des Tuileries in Paris aufstellen. Dieser Brauch fand nicht gleich breitere Resonanz, setzte sich aber in den 1870er-Jahren durch den Zustrom von Flüchtlingen aus dem Elsass infolge des Deutsch-Französischen Krieges allgemein in Frankreich durch. Das Elsass gehörte lange Zeit zum deutschen Kulturraum, wo der Weihnachtsbaum bereits seit dem 16. Jahrhundert populär war. Heute werden überall in den französischen Großstädten riesige Weihnachtsbäume aufgestellt, meist vor bedeutenden Kirchen, wie es im Norden Europas im 15. und 16. Jahrhundert Brauch war. Jährlich werden in Frankreich rund 6 Millionen Weihnachtsbäume verkauft. Früchte sind als Dekoration besonders beliebt, speziell rote Äpfel, die man wegen ihrer Assoziation mit dem Apfel vom Baum der Erkenntnis im Paradies auswählt. Nach einer durch Dürre verursachten schlechten Apfelernte im Jahr 1858 begann man stattdessen Apfelimitate aus Glas zu verwenden oder in neuerer Zeit auch Schokoladenäpfel.

Und jetzt, wo der Weihnachtsbaum aufgestellt ist, geht es um die Frage des Schmucks.

Kapitel 3

Weihnachtsdekoration

Schmückt den Saal
mit Ilex-Zweigen,

fa, la, la,
la, la, la,
la, la, la!

Schließt den Bund
zu frohem Reigen,

fa, la, la,
la, la, la,
la, la, la!

Im Verlauf des Advents wird nicht nur der Baum aufgestellt, sondern auch der verstaubte alte Karton mit der Weihnachtsdekoration vom Dachboden geholt.

Immergrün

Die ersten Dekorationselemente waren immergrüne Pflanzen, die man drinnen und draußen anbrachte. Die alten Ägypter, Kelten, Wikinger und andere vorchristliche Kulturen nutzten sie zur Feier der Wintersonnenwende, zur Abschreckung böser Geister, die in den dunklen Wintermonaten ihr Unwesen trieben, und auch als Ausdruck ihrer Zuversicht und Hoffnung auf die Wiederkehr der wärmenden Sonne nach der Winterkälte. Während der Saturnalien schmückten die Römer ihre Hallen mit Stechpalmenzweigen und schickten immergrüne Zweige an Freunde und Bekannte.

Als die Völker aus dem Norden Europas begannen, Weihnachten anstelle der Saturnalien zu feiern, behielten sie den Brauch des Schmückens von Räumen und Kirchen mit immergrünen Pflanzen bei. Man nutzte dafür die vor Ort reichlich vorhandenen Gewächse wie Stechpalme, Efeu und Mistel. Diese immergrünen Pflanzen wurden weiterhin mit Wachstum und Fruchtbarkeit assoziiert, aber auch mit einer neuen, christlichen Bedeutung versehen.

Stechpalme (Ilex)

Die Druiden betrachteten die Stechpalme, englisch *holly*, aufgrund ihrer Fähigkeit, auch in den Wintermonaten zu gedeihen, als heilige (*holy*) Pflanze.
Das englische Wort *holy* leitet sich sogar von *holly* ab, genauer gesagt von dem Wort *holegn*, der altenglischen Bezeichnung für die Stechpalme. Die stacheligen Ilex-Blätter sollten Hexen, Dämonen und sogar unheilvolle Elemente wie Blitz und Donner abschrecken. Um sich selbst vor solchem Übel zu schützen, schmückten Druiden ihre Tempel mit Stechpalmen und trugen zuweilen zusätzlich Ilex-Zweige im Haar, wenn sie unterwegs waren.

Für Christen symbolisieren die Stacheln der Stechpalme die Dornenkrone, die Christus trug, bevor er ans Kreuz geschlagen wurde. Die Beeren sind für immer durch das von ihm vergossene Blut rot gefärbt.

Stechpalme und Efeu wurden häufig auch mit Fruchtbarkeit assoziiert; aus heidnischer Sicht galt der dornige Ilex als männliche und der weichere Efeu als weibliche Pflanze. Für die Christen dagegen steht die Stechpalme für Christus und der Efeu für die Jungfrau Maria, seine Mutter. Obwohl es angeblich Unglück brachte, die Pflanzen vor Heiligabend ins Haus zu holen, hieß es auch, dass diejenige Pflanze, die zuerst im Garten entdeckt und nach drinnen gebracht werde, darüber entscheide, ob der Hausherr oder die Hausherrin im kommenden Jahr das Sagen habe.

Immergrüne Kränze

Das Wort »Kranz« leitet sich vermutlich von dem althochdeutschen *krenzen* ab, was »umwinden« bedeutet. Der Gebrauch von Kränzen aus immergrünen Zweigen von Stechpalme, Lorbeerbaum oder Pinie reicht jedoch viel weiter zurück. Bereits die Etrusker wanden Kränze als Kronen, später die alten Griechen und Römer als Zeichen des Rangs und als Auszeichnung. Siegreiche Athleten wurden bei den Olympischen Spielen in der Antike mit Lorbeerkränzen geehrt. Und auch die Kronen und Diademe, die europäische Könige und Königinnen seither tragen, sind eine Art Kranz.

Im christlichen Kontext steht der Kranz für den Sieg Christi über den Tod, während die runde Kranzform, ohne Anfang und Ende, seine Verheißung des ewigen Lebens symbolisiert. Und ähnlich wie ein aus Stechpalmenzweigen mit intensiv roten Beeren geflochtener Kranz muss die von Jesus getragene Dornenkrone, überzogen mit Blutstropfen aus seinen Wunden, ausgesehen haben.

Kränze sind schon lange als Weihnachtsdekoration in Europa und Amerika üblich. Viele hängen im Advent einen Kranz an die Haustür, um die Ankunft des Herrn zu verkünden. Andere haben einen traditionellen Adventskranz mit Kerzen, die an den vier Adventssonntagen angezündet werden.

Adventskranz

Der Adventskranz ist ein aus immergrünen Pflanzen, meist Fichten-
oder Tannenzweigen, manchmal auch gemischt mit Stechpalmen- und
Mistelzweigen, gebundener Kranz, der zu Hause auf einen Tisch
gelegt und mit vier meist roten Kerzen geschmückt wird. Die Kerzen
werden an den vier Adventssonntagen entzündet, die erste am ersten
Adventssonntag, an den folgenden Sonntagen brennen dann zwei, drei
und am vierten Advent schließlich alle vier Kerzen.

In manchen Gegenden stellt man noch eine weiße Kerze in die Mitte
des Kranzes, die an Heiligabend entzündet wird. Sie steht für das
Leben Jesu Christi auf Erden.

Die Tradition des Adventskranzes entstand wie so viele Weihnachtsbräuche im 19. Jahrhundert in Deutschland; sie geht auf den Theo-
logen und Pädagogen Johann Hinrich Wichern zurück, der 1839 eine
Vorform des Kranzes schuf, um den Kindern seiner Erziehungsanstalt
den Advent zu erklären. Sein Adventskranz bestand aus einem alten
hölzernen Wagenrad, auf dem er 20 kleine rote und vier große weiße
Kerzen angebracht hatte. An jedem Werktag im Advent wurde eine
kleine rote Kerze entzündet, sonntags dann eine weiße, sodass an
Heiligabend 24 Kerzen brannten.

Der auch in Nordamerika durch deutsche Immigranten seit den
1930er-Jahren populäre immergrüne Adventskranz mit vier Kerzen
fand in Großbritannien erst 1964 breitere Beachtung. Damals wurde
im BBC-Kinderprogramm *Blue Peter* gezeigt, wie man zu Hause einen
Adventskranz bastelt – eine Idee, die von vielen rasch aufgegriffen
wurde.

Misteln

Die Mistel ist eine immergrüne parasitäre Pflanze, die sich Feuchtigkeit und Nährstoffe von ihrer Wirtspflanze, einem Baum oder Busch, holt.

Mistelsamen werden von Vögeln wie der Misteldrossel verbreitet, die die Beeren fressen und die Samen mit ihrem Kot (oder Mist, daher der Name »Mistel«) oder mit ihrem Schnabel verbreiten. Die Samen sind mit einer klebrigen Substanz überzogen, damit sie an der Wirtspflanze hängen bleiben.

Wie konnte nun dieser Parasit mit Küssen in Verbindung gebracht werden? Der Brauch des Küssens unter dem Mistelzweig scheint sich von England aus in die englischsprachige Welt ausgebreitet zu haben. Möglicherweise geht er auf die Druiden zurück oder ist ein Erbe unserer nordischen Vorfahren.

Es gibt tatsächlich eine nordische Legende, die eine Erklärung liefern könnte. Die Göttin Frigga hatte Angst um das Leben ihres Sohnes Balder, des Sonnengottes, und ließ sich von allen Pflanzen und Tieren versprechen, dass sie ihm keinen Schaden zufügen würden. Loki, ein eifersüchtiger Rivale, brachte jedoch Balders blinden Bruder Hödur mit einem Trick dazu, mit einem Pfeil aus Mistelholz auf Balder zu schießen und ihn so zu töten. Denn die Mistel war als einziges Wesen übersehen worden, da sie nicht in der Erde, sondern auf Bäumen wächst. Die verzweifelte Frigga weinte bitterlich, und als ihre Tränen auf den Pfeil fielen, verwandelten sie sich in schöne weiße Beeren, mit denen sie Balders Wunden heilte und ihn ins Leben zurückbrachte. Überglücklich segnete sie die Mistel und küsste alle, die unter ihr entlanggingen. Es gibt andere Versionen dieser Legende, in denen sich Balder nicht erholt, doch die passen nicht zu unserer Geschichte – also kümmern wir uns nicht darum.

Aber auch die Druiden könnten für den guten Ruf der Pflanze verantwortlich sein. Da die Mistel auch gedeiht, wenn ihr Gastbaum die Blätter verloren hat, dachten die Druiden, es müsse in ihr eine mystische Lebenskraft oder Fruchtbarkeit geben, und so nutzten sie sie, ähnlich wie die Stechpalme, zur Abwehr von Krankheit und bösen Geistern. Misteln wachsen besonders gut auf Eichen, die wiederum von den Druiden besonders verehrt wurden. Weil die Mistel sich um die geheiligte Eiche windet und ihren Lebensgeist auch im Winter

behält, machten sie die Mistel zur Göttin der Liebe.
So wurde der Mistelzweig zum Symbol für Liebe und
Fruchtbarkeit.

Laut dem römischen Naturforscher Plinius gab es auch
ein spezielles Ritual beim Sammeln der Mistel. Sie hat
keine Wurzeln und lebt zwischen Himmel und Erde,
berührt also nie den Boden. Beim Sammeln war es
daher wichtig, darauf zu achten, dass die Mistel nicht
zu Boden fiel, da sie sonst, so glaubte man, ihre Zauberkraft verlor. Der Druide, in weiße Gewänder gekleidet
und womöglich mit einem Stechpalmenzweig im Haar,
stieg auf einen Baum und schnitt die Mistel mit einer
goldenen Sichel ab. Darunter spannten Gehilfen ein
weißes Tuch auf, um die herabfallenden Zweige auf-
zufangen. Zum Abschluss der Zeremonie opferte man
noch zwei weiße Stiere.

Manche Christen versuchten, die Mistel als Kirchen-
schmuck zu verbannen, denn sie missbilligten das heidnische Liebessymbol. Im aufgeschlosseneren Britannien
des 18. und 19. Jahrhunderts erlebte das Interesse an
den Druiden und ihren Gebräuchen jedoch einen deut-
lichen Aufschwung, und die Idee der Mistel als Frucht-
barkeitssymbol wurde wiederbelebt.

Das Küssen unter dem Mistelzweig wurde zu einem
beliebten Gesellschaftsspiel, speziell unter den Dienst-
boten, die für das Anbringen der Weihnachtsdekoration
im Herrenhaus zuständig waren. Jede weiße Beere
stand für einen Kuss, und für jeden Kuss wurde eine
gepflückt, bis keine Beeren mehr übrig waren und das
Küssen ein Ende hatte. Dies war vielleicht eine beschei-
dene Reminiszenz an das zügellose Verhalten, das während der heidnischen römischen Feste erlaubt gewesen
war. Die schöne alte Tradition des Küssens unter dem
Mistelzweig fand, mit anderen Weihnachtsgebräuchen,
rasch Anklang in der viktorianischen Gesellschaft.

Weihnachtsstern

In jüngerer Zeit wurde, speziell in Amerika, eine
andere Pflanze, die nichts mit heidnischem Grünzeug
zu tun hat, dank ihrer roten und grünen Blätter mit
Weihnachten verknüpft: der Weihnachtsstern, auch
»Poinsettie« genannt. Die Pflanze kommt aus Mittel-
amerika und wurde von Joel Roberts Poinsett, dem
ersten US-Gesandten in Mexiko, in den 1820er-Jahren
in Nordamerika eingeführt. Heute sind Poinsettien in
der Weihnachtszeit in Amerika allgegenwärtig, und
ihre Beliebtheit in Europa wächst stetig, ungeachtet
ihrer schwierigen Pflege.

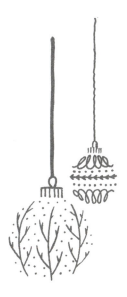

Schmuck für den Weihnachtsbaum

Der erste Baumschmuck bestand aus natürlich wachsenden Objekten wie Tannenzapfen, Beeren und Nüssen – oder auch Früchten wie Äpfeln, die an jenen immergrünen Bäumen hingen, die den Baum der Erkenntnis in den Paradiesspielen darstellten.

Die ersten speziell weihnachtlichen Verzierungen, von denen wir wissen, sind die Früchte, Nüsse und Backwaren an jenem Weihnachtsbaum von Freiburg im Jahr 1419 (s. Kap. 1). Der 1510 in Riga aufgestellte Baum war dagegen mit Papierrosen behängt – Rosen werden mit der Jungfrau Maria assoziiert.

Dass Martin Luther als Erster einen Tannenbaum drinnen aufgestellt und mit Kerzen bestückt haben soll, ist lediglich eine Legende. Schriftlich belegt sind hingegen geschmückte Weihnachtsbäume in Straßburg im Jahr 1605, die »in den Stuben« aufgestellt wurden:

»Daran henket man Roßen auß vielfarbigem Papier geschnitten, Aepfel, Oblaten, Zischgold [Metall-/Goldflitter] und Zucker …«

Obst ließ sich nicht immer einfach beschaffen, und so begann man, speziellen Christbaumschmuck zu entwerfen und anzufertigen. Man verwendete Blumen und Sterne aus Papier, bemalte Eierschalen, Bänder, kleine Holzspielsachen, verschiedene Esswaren wie Kekse, Süßigkeiten und Nüsse – alles, was man sich als Baumschmuck vorstellen konnte. Viele Zierelemente hatten Symbolcharakter: Die Walnuss beispielsweise galt bei den Römern als »Nuss der Götter« und wurde immer mit Gesundheit verbunden. Vögel sind ein universelles Symbol für Glück; speziell Tauben stehen für Frieden und Liebe und versinnbildlichen im Christentum den Heiligen Geist.

Eicheln sind ein Glückssymbol, denn sie stammen vom heiligen Eichenbaum. Im Christentum stehen sie für neues Leben, wie es durch die Geburt Jesu personifiziert wird. Auch Essiggurken können ein Glückssymbol sein. In manchen Ländern hängt man eine Gurke als letztes Dekoelement gut versteckt zwischen die Zweige. Das Kind, das sie als Erstes entdeckt, bekommt ein besonderes Geschenk.

Lametta

Die Erfindung von Lametta im 19. Jahrhundert in Nürnberg stellte eine wichtige Neuerung im Bereich des Christbaumschmucks dar. Lametta – der Name ist die Verkleinerungsform des italienischen Wortes *lama* für »Metallblatt« – sollte die vom Baum herabhängenden Eiszapfen imitieren und das Licht der flackernden Kerzen verstärken und reflektieren.

Nürnberg war für seine Silberwaren und feine Drahtgeflechte, sogenannte »leonische Waren«, bekannt. Lametta bestand ursprünglich aus flach gewalztem Kupferdraht, der mit echtem Silber überzogen wurde. Silber war jedoch problematisch, da es durch den Kerzenrauch rasch anlief und stumpf wurde. Man probierte verschiedene Materialien aus wie Folien aus Aluminium und Zinn, also Stanniol. Bleihaltiges Stanniol hatte den Vorteil, durch das höhere Gewicht schön am Baum zu hängen und lange den Glanz zu bewahren. In den 1960er-Jahren kamen erste Bedenken wegen des giftigen Bleis auf, und man riet den Herstellern, bei der Lamettaproduktion auf leichtere Kunststoffe umzusteigen. Heute wird Lametta in vielen Ländern meist aus Polyester-Folie mit metallisch glänzender Oberfläche hergestellt und ist in allen Farben verfügbar. Das »echte« Lametta aus Stanniol oder Silberdraht gibt es immer noch zu kaufen, allerdings muss man danach suchen – und es hat seinen Preis.

Glasschmuck: Geburt der Christbaumkugel

Der Geburtsort der traditionellen Weihnachtsbaumkugel ist der Ort Lauscha im waldreichen Thüringer Schiefergebirge. Die Lage bietet beste Voraussetzungen: Quarz, Kalk und Pottasche als Rohstoffe, dazu Holz zur Befeuerung der Glasöfen. Ende des 16. Jahrhunderts, genauer: 1597, gründeten Hans Greiner und Christoph Müller mit Erlaubnis des Herzogs von Sachsen-Coburg in Lauscha die erste Waldglashütte. Ihre Glaswaren waren bald so begehrt, dass weitere Glashütten im Umkreis entstanden und Lauscha zum Zentrum der deutschen Glasherstellung wurde. Im 18. Jahrhundert kam es neben der Produktion von Trinkgläsern, Flaschen und Schalen zur Herstellung von Glasperlen, gläsernen Figuren und Tieren.

In der Mitte des 19. Jahrhunderts entwickelten sich dann aus den Glasperlen die Christbaumkugeln; diese wurden im Jahr 1848 erstmals schriftlich erwähnt. Gut 20 Jahre später wurde der gläserne Baumschmuck mithilfe von Silbernitratlösung verspiegelt – ein Verfahren, das der deutsche Chemiker Justus von Liebig (ebenfalls der Erfinder von Fleischextrakt und Mineraldüngung) für naturwissenschaftliche Zwecke erfunden hatte.

Im Jahr 1880 wurde der US-amerikanische Unternehmer F. W. Woolworth während einer Deutschlandreise auf die Glashütten in Lauscha aufmerksam und nahm einige Exemplare des Christbaumschmucks mit nach Amerika, wo er sie in seinem Geschäft in Pennsylvania anbot. Im Lauf der Zeit verkaufte er dann Millionen davon.

Lauscha produzierte bis kurz vor dem Zweiten Weltkrieg handwerklich gefertigten Christbaumschmuck. Nach dem Krieg wurde die Glasproduktion zwar fortgesetzt, doch mit der Teilung Deutschlands – Lauscha gehörte nun zur DDR – standen Christbaumkugeln nicht allzu weit oben auf der Prioritätenliste der verstaatlichten Glashütten. Firmen in Amerika, Japan und der Tschechoslowakei sprangen ein, und mittlerweile wird Weihnachtsbaumschmuck weltweit produziert.

Heute ist Deutschland wieder die Topadresse, wenn es um handwerklich gefertigten Christbaumschmuck geht. Nach dem Fall der Mauer 1989 wurden die Glas produzierenden volkseigenen Betriebe reprivatisiert, und statt der Massenfertigung kehrte man zurück zur traditionellen Herstellung der Glaswaren. In jedem Dezember findet in Lauscha ein Weihnachtsmarkt statt, zu dem Besucher aus der ganzen Welt kommen, um zu sehen, wie Glas geblasen wird, und natürlich, um sich die riesige Auswahl an von Hand gefertigten Schmuckelementen und Kugeln aus Glas anzuschauen. Im Ortszentrum befindet sich der Hüttenplatz – die Stelle, an der Hans Greiner und Christoph Müller einst ihre Glashütte errichtet haben.

Die Baumspitze

Das vielleicht wichtigste Schmuckelement eines Weihnachtsbaums ist jenes, das ganz oben seine Spitze krönt. Ursprünglich war das eine brennende Kerze, doch davon ist man aus Sicherheitsüberlegungen schon lange abgekommen. Heute ist es meist ein Stern als Symbol des Sterns von Bethlehem oder ein Engel als Verweis auf den Engel, der den Hirten auf dem Feld die frohe Botschaft von der Geburt Jesu verkündete.

Du grüner, schimmernder Baum, guten Tag!
Willkommen, du, den wir so gerne sehen,
mit Weihnachtslichtern und norwegischen Flaggen,
und hoch auf der Spitze der scheinende Stern.
Ja, der muss leuchten,
denn er soll uns erinnern
an unseren Gott.
Norwegisches Weihnachtslied

Der Stern von Bethlehem

Der Stern von Bethlehem ist der Stern, der die Weisen, die Heiligen Drei Könige, nach Bethlehem führte, wo das neugeborene Jesuskind in einer Krippe lag.

»Und siehe, der Stern, den sie hatten aufgehen sehen, zog vor ihnen her bis zu dem Ort, wo das Kind war; dort blieb er stehen. Als sie den Stern sahen, wurden sie von sehr großer Freude erfüllt.«
Matthäus 2, 9–10

Für viele Christen ist das alles, was sie wissen müssen. Andere, getrieben von wissenschaftlichem Interesse oder Neugier, suchten nach einer Erklärung für den Stern, was nicht so einfach ist.

Über die tatsächliche Natur des Sterns gibt es unter den Bibelgelehrten widersprüchliche Theorien. Manche denken, es sei ein Komet gewesen, andere vermuten dahinter eine Planetenkonjunktion oder eine Nova, das plötzliche Aufleuchten eines Sterns. Leider ist keine dieser Erklärungen befriedigend. Seltsam ist, dass der Text nahelegt, dass der Stern nur den Weisen erschien: Wenn es ein Naturphänomen war, warum sah es sonst niemand? Irritierend ist auch, dass, bedingt durch die Erdrotation, Himmelskörper normalerweise von Ost nach West über das Firmament ziehen; der Stern von Bethlehem führte die Heiligen Drei Könige jedoch, nachdem sie König Herodes besucht hatten, nach Süden, von Jerusalem nach Bethlehem. Und dann stand er still über dem Ort, an dem Jesus lag. Nun ja. Ganz egal, wie er dorthin kam – jedenfalls verkündet ein Stern auf dem Weihnachtsbaum die Geburt Jesu und seine Präsenz im Stall.

Da wir über den Stern von Bethlehem sprechen, bietet es sich an, auch über die drei weisen Männer zu reden, denn sie sind wichtige Akteure der Weihnachtsgeschichte.

Die heil'gen drei Könige aus Morgenland,
Sie frugen in jedem Städtchen:
Wo geht der Weg nach Bethlehem,
Ihr lieben Buben und Mädchen?

Die Jungen und Alten, sie wussten es nicht,
Die Könige zogen weiter;
Sie folgten einem goldenen Stern,
Der leuchtete lieblich und heiter.

Heinrich Heine

Im Lukasevangelium findet sich nichts über die Weisen, nur Matthäus erwähnt sie am Rande, nennt aber noch nicht einmal ihre Anzahl: »… da kamen Sterndeuter aus dem Osten nach Jerusalem …«

Die Vermutung, dass es drei Weise gewesen seien, leiten wir von den drei Geschenken – Gold, Weihrauch und Myrrhe – ab, die sie überreichten. Matthäus sagt auch nicht, dass sie Könige waren, doch er betont den Moment, als sie Jesus sahen: »da fielen sie nieder und huldigten ihm«. Da es im Alten Testament in den Psalmen Prophezeiungen gibt, die vorhersagen, dass »alle Könige vor ihm niederfallen sollen«, kann man verstehen, warum man die Fremden für Könige halten konnte. Manchmal werden sie auch als »Magier« bezeichnet, denn sie kamen aus dem Osten, und Magier waren die Angehörigen einer Priesterkaste oder Gelehrte aus Persien im Osten.

Obwohl die drei Könige häufig in Krippen- und Weihnachtsszenen auftauchen, waren sie in der Nacht von Christi Geburt wohl nicht dort. Gemeinhin wird eher der 6. Januar, also Epiphanias, als Datum ihres Besuchs angenommen.

Jetzt aber zurück zur Spitze des Weihnachtsbaums.

Der Engel des Herrn

»Da trat ein Engel des Herrn zu ihnen und die Herrlichkeit des Herrn umstrahlte sie und sie fürchteten sich sehr. Der Engel sagte zu ihnen: Fürchtet euch nicht, denn siehe, ich verkünde euch eine große Freude, die dem ganzen Volk zuteilwerden soll: Heute ist euch in der Stadt Davids der Retter geboren; er ist der Christus, der Herr.«

Lukas 2, 9–11

Engel können im Christentum viele Funktionen übernehmen, gelten aber meist entweder als Beschützer oder als Gesandte Gottes. Eine solche Botschafterfunktion übernehmen die Engel in der Weihnachtsgeschichte. Der Engel Gabriel erscheint der Jungfrau Maria, um ihr zu eröffnen, dass sie einen Sohn empfangen werde. Später verkündet ein namenloser Engel den Hirten, die bei Nacht über ihre Herde wachen, die Geburt des Messias. Ein Engel an der Spitze des Weihnachtsbaums übermittelt also die Botschaft von Jesu Geburt. Gleichzeitig schützt er das Haus vor bösen Geistern und dient damit einem ähnlichen Zweck wie die Stechpalme in heidnischen Zeiten.

Und jetzt sehen wir uns weitere Dinge an, die uns im Advent begegnen.

Kapitel 4

Adventskalender und Karten

Ähnlich wie der Adventskranz hilft der Adventskalender, die Zeit bis Weihnachten zu überbrücken, und wie der Kranz kommt auch der Kalender aus Deutschland. Deutsche Protestanten im 19. Jahrhundert kamen als Erste auf die Idee, die verbleibenden Tage bis Weihnachten zu zählen. Bestimmt auch, um ihre erwartungsvollen Kinder ruhig zu halten, während sie in den dunklen Dezembertagen auf das freudige Ereignis warteten. Eine Möglichkeit war das Anbringen von Kreidestrichen an einer Tür, die dann nach und nach ausgewischt wurden. Oder man konnte – wie bei den ersten Adventskränzen – jeden Tag eine neue Kerze anzünden. Manchmal wurden die Kerzen an einem speziellen Weihnachtsbaum befestigt, der mit seinem zunehmend helleren Strahlen die Ankunft von Jesus, dem »Licht der Welt«, symbolisierte. Manche Eltern bastelten Weihnachtsuhren mit in 24 Segmente eingeteilten Zifferblättern, auf denen die Zeiger pro Tag einen Schritt weiterbewegt wurden.

Der Adventskalender, wie wir ihn heute kennen, geht auf den in Maulbronn geborenen und in München tätigen Buchhändler und Verleger Gerhard Lang (1881–1974) zurück, der sich dabei an seine Kindheit erinnerte. Seine Mutter hatte auf einem einfachen Kalender aus Pappe an jedem Tag vom 1. bis zum 24. Dezember ein »Wibele« befestigt, ein kleines Gebäckstück aus Biskuitteig. Der kleine Gerhard hatte also jeden Tag eine Süßigkeit abnehmen und essen dürfen. In Weiterentwicklung dieser Idee produzierte Lang 1904 einen »Weihnachts-Kalender« als Beilage für das *Stuttgarter Neue Tagblatt*. Er bestand aus einem Bogen aus Pappe mit 24 Kästchen, die jeweils das Datum und ein kleines Gedicht enthielten. Auf einem anderen Bogen gab es 24 farbig gedruckte Bilder zum Ausschneiden, die dann auf das jeweilige Tageskästchen aufgeklebt wurden. Für den 24. Dezember war ein Bild des ganz in Weiß gekleideten Jesuskinds vorgesehen.

Später verbesserte Lang seine Kalender durch das Anbringen kleiner Fenster oder Türen, jener typischen Merkmale, die wir heute mit Adventskalendern verbinden. Ab 1908 produzierte er verschiedene gedruckte Adventskalender in großen Stückzahlen. Da die Länge der Adventszeit variiert – sie kann zwischen 22 und 28 Tage lang sein, je nachdem, auf welches Datum der erste Adventssonntag fällt – und man die Kalender nicht jedes Jahr ganz neu gestalten wollte, entschied Lang letztlich, dass seine Adventskalender jeweils am 1. Dezember beginnen sollten. Andere Hersteller schlossen sich an, und innerhalb weniger Jahre hängte man überall in Deutschland Adventskalender zu Hause auf, die alle, besondere Anfertigungen ausgenommen, am 1. Dezember begannen.

Gerhard Lang musste sein Geschäft 1940 aufgeben, teils weil es kriegs-
bedingt zu Engpässen bei der Papierversorgung kam, teils weil die
hohe Qualität und Detailverliebtheit seiner Kalender diese selbst bei
hohen Auflagen zu teuer machten.

Nach dem Krieg, 1946, druckte Richard Sellmer, ein Verleger aus
Stuttgart, einen handgefertigten Adventskalender zum Hinstellen mit
dem Motiv »Die kleine Stadt«. Er zeigte eine Straße mit verschiedenen Stadthäusern, deren Fenster sich öffnen ließen und hinter denen
unterschiedliche Personen bei Weihnachtsvorbereitungen zu sehen
waren. Bei den Amerikanern, zu deren Besatzungszone Stuttgart damals gehörte, war er sehr beliebt, und in den 1950er-Jahren erschien
in US-amerikanischen Zeitungen ein Foto der Enkel von Präsident
Eisenhower mit einem Adventskalender »*Little Christmas Town*«, mit
dem Spenden für die nationale Vereinigung zur Bekämpfung der Epi-
lepsie gesammelt wurden. Der Kalender machte in Amerika Karriere,
und Richard Sellmers Verlag entwickelte sich bald zu einem der größten Hersteller von Adventskalendern weltweit. Jedes Jahr werden Millionen Kalender mit verschiedensten Motiven, Themen und Formaten
verkauft, darunter auch ein jährlich neu gestalteter Adventskalender
mit einer Abbildung des Weißen Hauses für den US-Präsidenten.

Adventskalender sind längst keine ausschließlich religiösen
Artikel mehr. Heute gibt es sie in jeglicher Form, Größe und
Thematik. Hinter den Türchen verbergen sich sehr unterschiedliche Dinge, und die Kalender sind nicht nur für
den häuslichen Gebrauch, sondern auch für kom-
merzielle Zwecke – von Werbung bis Spenden-
sammlungen – konzipiert. Der erste Adventskalender mit Schokoladenfüllung wurde 1958
produziert (die Schokoladenvariante ist in
Deutschland nach wie vor die belieb-
teste). Es gibt aber auch Kalender mit
Spielzeug, alkoholischen Über-
raschungen, Kosmetikprodukten,
Merchandising-Artikeln zu
TV- und Filmserien, Heim-
werkerprodukten, kleinen
Elektronikgeräten,
Leckerlis für
Hunde,

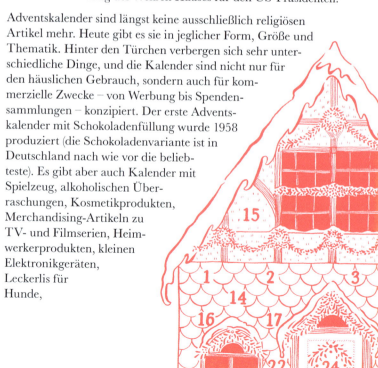

Katzen und Pferde, Teebeuteln und sogar Käse. Der Käsekalender riecht an Heiligabend vermutlich wie alte Socken – vielleicht eine nützliche Erinnerung, die Weihnachtssocken rauszuhängen?

In einigen deutschen Städten werden ganze Gebäude als Adventskalender hergerichtet. Das aus dem 18. Jahrhundert stammende malerische Rathaus des Fachwerkstädtchens Gengenbach am Rande des Schwarzwalds verwandelt sich jedes Jahr in das weltgrößte Adventskalenderhaus. Die 24 zur Straße zeigenden Fenster sind mit Werken bekannter Künstler dekoriert und werden bis Weihnachten nach und nach abends erleuchtet.

Den Weltrekord für den bislang größten Adventskalender hält nach wie vor der Londoner Bahnhof St. Pancras. 2007 wurde ein riesiger Kalender mit 71 Metern Höhe und 23 Metern Breite an der Rückwand der Station aufgebaut, um deren Renovierung zu feiern. Lokale Händler sponserten die Aktion, und es gab jeden Tag ein anderes Event beim Öffnen der einzelnen Kalenderfenster.

In den nordischen Ländern – Norwegen, Schweden, Finnland, Dänemark und Island – kann der Adventskalender (*julkalender* bzw. *julekalender*) auch die Form einer TV- oder Radioshow mit 24 Episoden annehmen. Die erste Episode wird am Abend des 1. Dezember ausgestrahlt, dann folgt täglich eine weitere bis zum Höhepunkt am 24. Dezember, an Heiligabend. Die Idee kommt aus Schweden, wo der erste derartige *julkalender* 1957 im Radio gesendet wurde; die erste TV-Version folgte dann 1960 im schwedischen Fernsehen.

Der Adventskalender hat sich also seit den »Wibele« von Mutter Lang auf erstaunliche Weise entwickelt.

Weihnachtskarten

Das Schreiben und Verschicken von Weihnachtskarten ist der vielleicht zeitaufwendigste aller Weihnachtsbräuche. Der Wunsch, Zeit und Aufwand zu sparen, brachte den britischen Beamten Sir Henry Cole (1808–1882) auf die Idee der Weihnachtskarte.

Henry Cole war eine außergewöhnliche Persönlichkeit. Er hatte es sich zum Ziel gesetzt, »das Leben zu verschönern«, und betätigte sich als Kinderbuchautor, Designer von Teekannen, initiierte die erste Weltausstellung, die *Great Exhibition* von 1851 im Londoner Hyde Park, war Gründungsdirektor des Museums, das heute als Victoria and Albert Museum bekannt ist, und eine führende Kraft bei der Einrichtung diverser Colleges, etwa des Royal College of Art, in London. Vor allem aber war er an der Einführung des weltweit ersten umfassenden Postdienstes beteiligt: Von 1837 bis 1840 arbeitete Henry Cole an der Einrichtung der *Penny Post*, mit der ein Brief für einen Penny an jeden Ort im Vereinigten Königreich verschickt werden konnte. Das Porto wurde vom Absender mit der ersten Briefmarke der Welt, der *Penny Black* (vermutlich von Cole selbst entworfen), im Voraus bezahlt.

Folge der Einführung der *Penny Post*, die Henry Cole enthusiastisch in seinem Umfeld propagierte, war, dass sein großer Freundeskreis begann, sich untereinander Briefe zu schicken. Speziell in der Weihnachtszeit wurden lange, weitschweifige Festtagsgrüße verschickt, die einer Antwort bedurften.

Henry Cole war ein sehr beschäftigter Mann, und die Beantwortung der umfangreichen Korrespondenz wurde ihm einfach zu viel. Er wollte aber auch nicht unhöflich sein. Und so suchte er nach einer Möglichkeit, wie er allen Freunden und Bekannten gleichzeitig in einer angemessenen und netten Form antworten konnte. Im Dezember 1843 bat Cole den befreundeten Künstler John Callcott Horsley, eine Illustration anzufertigen – nach einer Idee, die Cole vorschwebte. Horsley zog sich in sein Atelier in Devon zurück und kam einige Tage später mit einer entzückenden Zeichnung zurück, die eine fröhliche Familie bei der Weihnachtsfeier zeigte, flankiert von Personen, die sich karitativ um Benachteiligte kümmern, dazu der Gruß »A Merry Christmas and a Happy New Year to you«. Am oberen Kartenrand stand »To«, gefolgt von einer Linie zum Eintragen des Empfängers, unten stand »From«, ebenfalls mit einer Linie – für die Unterschrift von Henry Cole. Das Bild wurde auf einen Karton gedruckt, und fertig war die erste Weihnachtskarte der Welt. Cole ließ 1000 Stück drucken, die meisten verschickte er an seine Freunde, den Rest verkaufte er für jeweils einen Schilling. Der Erlös dieser ersten Weihnachtskarte ging an karitative Einrichtungen.

Die Karten kamen bei fast allen gut an; lediglich einige Abstinenzler entrüsteten sich, weil die Abbildung offensichtlich ein Kind zeigt, das an einem Glas Wein nippen darf. In jener gestrengen Zeit war das ein Skandal, weswegen die Karte schließlich nicht mehr verkauft werden durfte.

Nun machen Verbote Dinge erst recht begehrenswert, und so wurde 2001 eine der zwölf erhaltenen Originalweihnachtskarten, jene, die Cole an seine Großmutter geschickt hatte, für sensationelle 22 500 Pfund versteigert. Ein schöner Anreiz, der eigenen Großmutter eine Weihnachtskarte zu schicken.

Zunächst waren Weihnachtskarten den Reichen vorbehalten, denn ein Penny war der Tageslohn eines normalen Arbeiters. Mit dem Ausbau des Schienennetzes wurde es dann einfacher, Briefe schnell und in großen Mengen quer durchs Land zu transportieren. Zudem sank der Preis einer Briefmarke 1870 auf einen bezahlbaren *halfpenny*. Wenig später konnte die Firma Prang & Mayer dank verbesserter Druckverfahren in London mit der Massenproduktion von Weihnachtskarten beginnen, und bald darauf stiegen Spielkartenhersteller wie Charles Goodall & Son und Thomas de la Rue mit ein. Bis 1880 wurden rund zwölf Millionen Karten in Großbritannien verkauft.

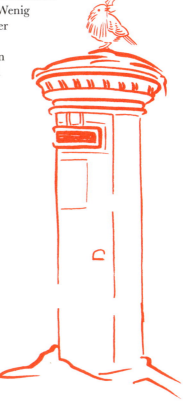

Louis Prang von Prang & Mayer führte 1875 die Weihnachtskarte in Amerika ein und produzierte schon bald mehr als fünf Millionen Karten pro Jahr für den US-Markt.

1916 gründeten der Aushilfsdrucker Joyce Hall und seine Brüder Rollie und William die Firma The Hall Brothers Company und begannen, in ihrem Werk in Kansas City, Missouri, Weihnachtskarten zu drucken. Sie entschieden sich gegen das traditionelle Postkartenformat und brachten ein neues Design, eine einmal gefaltete Karte mit passendem Umschlag, heraus. Dies war genau die richtige Größe für alle, die keinen langen Brief schreiben wollten. Es wurde das Standardformat für Grußkarten. Hall Brothers wurde in Hallmark umbenannt, und die moderne Weihnachtskarte war geboren.

Heutige Weihnachtskarten sind ganz anders als die pastorale Familienszene von Henry Cole aus dem Jahr 1843. Die frühen viktorianischen Karten waren eher einfach und weltlich, mehr wie Visitenkarten. Verziert waren sie mit immergrünen Pflanzen, die den bevorstehenden Frühling ankündigten, sentimentalen Kinderbildern oder etwas fragwürdigen Abbildungen von als Menschen verkleideten Tieren. Andere Zeiten halt. Mit der Verfeinerung der Druckverfahren konnte man auch passendere religiöse Themen wie die Madonna mit Kind, Engel und Szenen aus der Weihnachtsgeschichte darstellen. Als Prinz Albert und Charles Dickens begannen, das moderne Weihnachtsfest zu formen, erschienen dann auch die vertrauten Motive auf den Karten: Weihnachtsbäume, Stechpalmen, Schneelandschaften, Sänger weihnachtlicher Lieder, der Weihnachtsmann, Tauben und Rotkehlchen.

Rotkehlchen? Warum tauchen Rotkehlchen auf Weihnachtskarten auf? Die viktorianischen Postboten bekamen wegen ihrer roten Uniform den Spitznamen *robin* – »Rotkehlchen«. Und es war nur normal, dass echte Rotkehlchen auf den Weihnachtskarten als Symbol der Postboten auftauchten, die die Weihnachtspost austrugen. Abgesehen davon hatten Rotkehlchen immer einen besonderen Platz im Herzen der Briten. In vielen anderen Ländern werden Rotkehlchen gejagt und sind folglich sehr scheu, doch in Großbritannien sind sie ständige Begleiter des Gärtners. Ich erinnere mich, dass während meiner Kindheit in Devon mein Vater ein Rotkehlchen namens Arnold zum treuen Freund hatte. Arnold posierte nicht nur für uns auf dem Spatengriff, er kam sogar manchmal zu uns in die Küche an den Frühstückstisch. Für Briten bringt es Unglück, ein Rotkehlchen, den Boten des Frühlings, zu töten. Und so haben wir das Rotkehlchen zu unserem britischen Nationalvogel gemacht – und zu einem bleibenden Symbol von Weihnachten.

Wissen Sie übrigens, wie das Rotkehlchen zu seiner roten Brust kam? Es heißt, dass, als sich Maria im Stall von Bethlehem etwas ausruhen wollen, das Feuer, das sie und das Jesuskind wärmen sollte, nahe daran gewesen sei auszugehen. Ein kleiner brauner Vogel sah, was dort passierte, flog hinab zur Glut und flatterte heftig mit seinen Flügeln, bis so das Feuer wieder entfacht wurde. Dabei versengte er sich seine Brust, die nun ganz rot war. Maria segnete den Vogel für seine Tat und sagte:»Möge deine rote Brust für immer eine Erinnerung an deine hilfreiche Tat in dieser Nacht sein.«

Als Weihnachtskarten immer populärer wurden, veranstaltete man Wettbewerbe, um neue Designs und Ideen zu finden. Die besten Illustratoren wurden engagiert, um neue Szenen zu entwerfen, und die besten Texter, um neue Verse und Grüße zu dichten. Eine neue Kunstform entstand, und Weihnachtskarten wurden zu Sammelobjekten wie Briefmarken.

Apropos Briefmarken: Die erste Weihnachtsbriefmarke war eine kanadische Marke mit dem Aufdruck »*XMAS 1898*«, die an Weihnachten jenes Jahres herauskam. Manche sagen, dies sei nicht wirklich die erste Weihnachtsmarke gewesen, weil sie nicht speziell für Weihnachten herausgegeben worden sei, doch es war die erste, die Weihnachten überhaupt erwähnte – und das reicht mir. In Österreich, Brasilien und Ungarn erschienen in den 1930er- und 40er-Jahren verschiedene Marken mit Weihnachtsmotiven. Und in Australien kam 1957 der erste Satz mit speziellen Weihnachtsmarken heraus und wurde zur jährlichen Tradition. Die erste Weihnachtsmarke der US-Post erschien 1962, die der britischen Post 1966. Und die Deutsche Bundespost gab 1969 zum ersten Mal eine Weihnachtsmarke – mit Sonderzuschlag für wohltätige Zwecke – heraus.

Den Brauch, offizielle Weihnachtskarten zu versenden, führte Königin Victoria 1840 nach ihrer Hochzeit mit Prinz Albert ein. Anlässlich des Weihnachtsfests in jenem Jahr verschickte sie eine Druckgrafik der Feierlichkeiten in Windsor an Freunde, Mitglieder ihres Haushalts und der Regierung. Diese Tradition behält die Königsfamilie bis heute bei.

Die erste offizielle Weihnachtskarte des Weißen Hauses schickte US-Präsident Dwight D. Eisenhower 1953 an rund 500 Adressaten. Mittlerweile wird die Karte, traditionell mit von namhaften amerikanischen Künstlern gemalten Szenen des Weißen Hauses, an rund 1,5 Millionen Menschen versendet.

Heutzutage werden pro Jahr zwischen 700 und 900 Millionen Weihnachtskarten in Großbritannien verschickt, in den USA sind es rund zwei Milliarden Karten. Der Erlös aus dem Verkauf von Wohltätigkeitskarten liegt im Vereinigten Königreich bei etwa 50 Millionen Pfund jährlich. Sir Henry Cole konnte nicht ahnen, was er angestoßen hatte.

Kommen wir nun zur Aktivität, die für viele Menschen auf der ganzen Welt zum Inbegriff von Weihnachten geworden ist: zum Einkaufen.

Kapitel 5

Weihnachtsmärkte

Für viele Menschen sind Weihnachtseinkäufe das wahre Glück, für andere eine Qual. Doch es gibt Orte für diese Besorgungen, die wohl jeder genießen kann: Weihnachtsmärkte.

Im Zusammenhang mit einem Weihnachtsmarkt denkt man unwillkürlich an Deutschland, wo sich diese Form entwickelt hat und wo immer noch die schönsten Weihnachtsmärkte zu finden sind.

Die Märkte, die heute den Advent einleiten, entstanden aus Wintermärkten, die im 13. und 14. Jahrhundert in vielen deutschen Groß- und Kleinstädten abgehalten wurden. Diese nur ein oder zwei Tage dauernden Märkte sollten die Möglichkeit bieten, Lebensmittel und Vorräte für die bevorstehenden Wintermonate zu beschaffen. Der erste derartige Markt, für den es Belege gibt, war der Wiener Dezembermarkt von 1296. Herzog Albrecht I. gewährte damals den Ladenbesitzern der Stadt das Recht, einen zweitägigen Markt abzuhalten.

Wintermärkte boten den Menschen neben der Möglichkeit, die Vorräte aufzufüllen, auch die Gelegenheit, sich zu treffen, auszutauschen und zusammen etwas zu trinken. Mit der Zeit kamen zu den Ständen der Ladenbesitzer weitere Buden mit Nahrhaftem hinzu, mit Maronen, Lebkuchen und Zuckerzeug. Auch örtliche Handwerker eröffneten Stände, um ihre Spiel- und Holzwaren anzubieten. Viele dieser Artikel wurden als Geschenke für Kinder gekauft. In München wurde 1310 ein Vorläufer des Weihnachtsmarkts abgehalten, der »Nikolaimarkt«, benannt nach Sankt Nikolaus, der zu jener Zeit in Deutschland die Geschenke brachte, und zwar am 6. Dezember, dem Nikolaustag. Der Markt hatte also zunächst nichts mit Weihnachten zu tun. Andere Wintermärkte mit gewissen weihnachtlichen Elementen, die aber noch keine wirklichen Weihnachtsmärkte waren, wurden 1384 in Bautzen und 1393 in Frankfurt am Main abgehalten.

Die Geburtsstätte des Stollens

Der erste offizielle Weihnachtsmarkt der Welt war der eintägige Striezelmarkt 1434 in Dresden, für den der sächsische Kurfürst Friedrich II. seine Zustimmung erteilte. Der Striezelmarkt war ursprünglich ein Fleischmarkt, auf dem die Stadtbewohner das Fleisch für ihr Weihnachtsessen kaufen konnten. Benannt wurde er später nach dem »Striezel«, der sächsischen Bezeichnung für den Stollen, für den Dresden damals schon bekannt war. Im Jahr 1474 wurde dieser erstmals auf einer Rechnung des Dresdner Bartholomäus-Hospitals erwähnt; man weiß jedoch, dass er schon lange zuvor gebacken wurde. Der Originalstollen war ein frugales Fastengebäck aus Hefe, Mehl und Wasser. Weder Milch noch Butter wurden verarbeitet, denn die katholische Kirche missbilligte derart dekadente Genüsse während der Adventszeit. Die Dresdner hielten davon aber wenig und richteten eine Petition an Papst Innozenz VIII., das Butterverbot aufzuheben, was dieser 1491 tat. Die Dresdner Bäcker konnten nun ein Gebäck produzieren, das schon eher der Delikatesse ähnelte, die wir heute so schätzen. Der Stollen, ein mit Puderzucker bestäubtes saftiges Hefegebäck mit Mandeln, Sultaninen, Zitronat und Orangeat, entwickelte sich weltweit zu einer begehrten Weihnachtsspezialität, und der Dresdner Stollen gilt als der beste.

Seit dem 18. Jahrhundert wird das berühmte Stollenfest gefeiert. Nach einer längeren, unter anderem durch die beiden Weltkriege bedingten Unterbrechung im 20. Jahrhundert wurde es 1994 neu belebt und erfreut sich stetig wachsender Beliebtheit. Es findet jedes Jahr am Samstag vor dem zweiten Adventssonntag statt. Ein riesiger, meist drei bis vier Tonnen schwerer Stollen wird auf einem Wagen durch die Straßen von Dresden zum Weihnachtsmarkt gefahren, wo ihn das Stollenmädchen mit dem Riesenstollenmesser zerteilt. Die Stücke werden anschließend an das Publikum verkauft und der Erlös wird gespendet.

Christkindlesmärkte

Um die Mitte des 16. Jahrhunderts beschloss der Reformator Martin Luther, dem die Verehrung der katholischen Heiligen missfiel, eine neue Form des Schenkens einzuführen. Anstelle von Sankt Nikolaus sollte nun das Christkind – als Inkarnation des Jesuskinds – die Geschenke bringen; der Tag der Bescherung wurde vom 6. Dezember, dem Nikolaustag, auf den Heiligen Abend am 24. Dezember verlegt. So sollte die Aufmerksamkeit der Menschen auf die wahre Bedeutung von Weihnachten als Feier der Geburt Christi gerichtet werden. Im Zuge dieser Maßnahme erhielten auch immer mehr Weihnachtsmärkte, speziell im Süden Deutschlands, den Namen »Christkindlesmärkte«.

Der erste Markt, der sich »Christkindlesmarkt« nannte, war der berühmte Markt in Nürnberg, der 1628 erstmals erwähnt wurde, wahrscheinlich aber bis 1564 zurückreicht.

Heute findet die Eröffnungszeremonie am Freitag vor dem ersten Advent statt. Ein als Christkind ausgewähltes Nürnberger Mädchen verkündet vom Balkon der Frauenkirche am Hauptmarkt den Prolog und erklärt den Markt für eröffnet. Mehr als zwei Millionen Besucher zieht es jedes Jahr in das farbenprächtige traditionelle »Städtlein aus Holz und Tuch« mitten in Nürnbergs Altstadt. Hier erwarten sie »Zwetschgenmännla« aus getrockneten Zwetschgen, Nürnberger Rostbratwürste mit Sauerkraut, Lebkuchen und viele andere lokale Spezialitäten, dazu eine Krippe, Lichterketten, handwerklich gefertigte traditionelle Spielwaren, Christbaumschmuck und Glühwein.

Die ersten Weihnachtsmärkte dauerten gewöhnlich nicht länger als zwei, drei Tage, während sie heute echte Adventsmärkte sind und zwei bis vier Wochen andauern. Jeder deutsche Weihnachtsmarkt hat seinen eigenen Duft und seine Spezialitäten, bietet regionale Leckereien und Produkte an. Dies ist eine Reminiszenz an die Zeit, als nur lokale Händler ihre Waren auf dem Markt der Stadt anbieten durften. Die Weihnachtsmärkte haben sich ihren Charakter über die Zeit

bewahrt und sind auch heute Orte, an denen sich Einheimische und Besucher treffen und gemeinsam die festliche Zeit genießen, während sie den ein oder anderen Festtagstrunk kosten und die handgemachten Weihnachtserzeugnisse bestaunen.

Viele glauben vielleicht, dass Weihnachten erst seit Kurzem vom Konsum geprägt sei, doch bis Mitte des 19. Jahrhunderts, als Unternehmer wie der Kaufhauskettengründer F. W. Woolworth aufkamen, waren Weihnachtsmärkte die einzigen Orte, an denen man alles kaufen konnte, was man für Weihnachten brauchte. Und sie waren schon immer eine Attraktion und Ablenkung von den religiösen Aspekten. Märkte wurden ursprünglich vor der Kirche abgehalten, und die Verlockungen des Kaufvergnügens waren oft stärker, selbst in frommeren Zeiten. Der Pfarrer der Nürnberger Frauenkirche beklagte 1616, dass an Heiligabend niemand mehr in die Kirche komme, weil alle mit Einkäufen beschäftigt seien.

Weihnachtsmärkte weltweit

Zu den schönsten Märkten im übrigen Europa zählen der auf dem Wenzelsplatz in Prag in der Tschechischen Republik, die Märkte in den Altstädten von Warschau und Krakau in Polen, in Wien und Salzburg in Österreich (beide bis ins 14./15. Jahrhundert zurückreichend) und der ebenfalls sehr alte im lettischen Riga. In Tallin in Estland kann man sogar bis zum 7. Januar einkaufen, dem Weihnachtsfest der russisch-orthodoxen Kirche. Zürich, in der Schweiz, lockt mit dem größten europäischen Indoor-Markt in seinem Bahnhofsgebäude.

In Göteborg findet Schwedens beliebtester Weihnachtsmarkt statt, während bei den Dänen der Markt im Tivoli in Kopenhagen der Favorit ist. Und natürlich gibt es einen besonderen Weihnachtsmarkt in der Heimat des Weihnachtsmanns – am Polarkreis in Rovaniemi in Lappland.

Der erste Weihnachtsmarkt in Großbritannien fand 1999 in Manchester mit nur 15 Buden statt. Heute drängeln sich dort 300 Stände und 9 Millionen Besucher jährlich – das macht ihn zum größten Weihnachtsmarkt der Insel. Von beträchtlicher Größe ist auch der *Frankfurt Christmas Market* in Frankfurts Partnerstadt Birmingham, der 2001 mit 24 Ständen begann und heute 180 Stände und 5,5 Millionen Besucher vorweisen kann. Dies ist – so heißt es – der größte authentische ›deutsche‹ Weihnachtsmarkt weltweit außerhalb Deutschlands und Österreichs.

In den USA verweist Chicago auf seinen als besonders authentisch geschätzten Weihnachtsmarkt, während Kanadas traditionsreichster Markt der in Kitchener (im südlichen Ontario) ist, der Heimat der ältesten deutschen Gemeinde des Landes. Russlands größter Weihnachtsmarkt findet in St. Petersburg statt. Der Weihnachtsmarkt im Hibiya-Park von Tokio, vom Deutschen Tourismusverband mit finanziert, lockt mit heißem Sake und einer 15 Meter hohen hölzernen Weihnachtspyramide, die in Seiffen im Erzgebirge gefertigt wurde.

Obwohl viele Länder in den wärmeren Regionen Südeuropas und auf der Südhalbkugel versuchen, eigene Weihnachtsmärkte zu etablieren, können sie nicht wirklich mithalten – ein echter Weihnachtsmarkt braucht einfach die Winterstimmung, idealerweise mit Schnee. Doch vielleicht ist es mal eine schöne Abwechslung, einen grauen Dezemberhimmel gegen australische Sonne einzutauschen und den »Hahndorf Christkindlmarkt« bei Adelaide in South Australia zu besuchen. Hahndorf ist Australiens älteste deutsche Siedlung – eine gute Referenz.

Als Nächstes betrachten wir – als weitere Adventstradition – das Krippenspiel.

Kapitel 6

Krippenspiele

In christlichen Ländern bringen im Advent viele Schulen und Kirchengemeinden die Weihnachtsgeschichte als Krippenspiel zur Aufführung.

Die erste Aufführung einer Art Krippenspiel wurde 1223 von Franz von Assisi für die Einwohner von Greccio in Italien inszeniert. Er hielt in einer Grotte im Wald eine Mitternachtsmesse vor der lebensgroßen Darstellung der Stallszene ab. Franz war durch seine Pilgerreise nach Bethlehem an die Geburtsstätte von Jesus dazu inspiriert worden und wollte seinen Anhängern einen Eindruck davon vermitteln – mit Jesus in der Krippe, umgeben von Ochs und Esel.

Franz führte weitere Krippenspiele auf, mit denen er die Geburt Jesu nicht nur für die einfachen Menschen verständlich darstellen, sondern auch zeigen wollte, dass Jesus ähnlich wie sie in Armut und einfachen Verhältnissen geboren worden war. Die Idee verbreitete sich in ganz Europa; zudem wurden allmählich die lateinischen Gesänge der Messe übersetzt und neue Lieder komponiert, die in den jeweiligen Landessprachen gesungen und von jedem verstanden wurden.

»Denn wer sich hingibt, der empfängt.«
Franz von Assisi

Mit der Zeit fügte man den Spielen weitere Personen aus der Weihnachtsgeschichte, wie die Hirten mit ihren Krummstäben und die Heiligen Drei Könige, hinzu.

In den heute von Kirchen und Schulen aufgeführten Krippenspielen werden meist sämtliche Rollen, auch Ochs und Esel, von Kindern gespielt. Manchmal ist das Jesuskind ein echtes Baby; es ist jedoch nicht so leicht, eine Mutter zu finden, die ihren Säugling einer fünfjährigen Maria anvertraut, weshalb eine Puppe vermutlich die bessere Lösung ist. Gelegentlich wird als besondere Überraschung ein echtes Tier, meist ein Esel, mit eingebaut – eine riskante Entscheidung, die zu denkwürdigen Szenen voller Chaos führen kann. Erfahrene Regisseure sagen nicht umsonst: Arbeite nie mit Kindern und Tieren.

Krippen

Eine Weihnachtskrippe ist eine figürliche Darstellung der Geburt Christi und besteht gewöhnlich aus einem Stall mit einer Krippe voller Heu im Mittelpunkt, in die das Jesuskind gelegt wird. Zu den gängigen Figuren gehören Maria und Josef, Ochs und Esel. Zusätzlich können die Hirten mit ihren Stäben, vielleicht sogar ein oder zwei Schafe, die Heiligen Drei Könige mit ihren Geschenken Gold, Weihrauch und Myrrhe und gegebenenfalls einige Engel hinzugefügt werden. Auch auf Weihnachtsmärkten, Plätzen, in Schaufenstern und manchen Häusern findet man im Advent und an Weihnachten Krippen.

Wie erwähnt wurde die erste lebende Krippe 1223 von Franz von Assisi in einer Grotte bei Greccio aufgebaut. Giovanni Velita, ein lokaler Adeliger und Anhänger von Franz, hatte sie entworfen und zusammengestellt. Er verwendete einen großen, mit Stroh bedeckten Stein als Krippe und legte eine kleine Jesusfigur darauf. Bei einem Bauern lieh er sich einen Ochsen und einen Esel, die er neben die Krippe stellte, wo sie das Jesuskind betrachteten und gelassen ihr Heu kauten.

Die erste unbelebte Krippe ist möglicherweise viel älter. Zumindest findet sich in einem Dokument von 1021 die Erwähnung der heute nicht mehr existierenden Kirche Santa Maria »ad praesepe« (»Heilige Maria an der Krippe«) im italienischen Neapel. Seit dem 17. Jahrhundert ist die Stadt berühmt für ihre Weihnachtskrippen, die *presepi napoletani*. Diese neapolitanischen Krippen bestehen aus viel mehr als der traditionellen Geburtsszene mit Jesus, Maria und Josef und Ochs und Esel. Manchmal wird ein ganzes Dorf aufgebaut, mit echtem Wasserlauf, funkelnden Lichtern und diversen Dorfbewohnern. Die weltweit größte Krippenszenerie kann im Museo Nazionale di San Martino von Neapel, untergebracht in einem ehemaligen Kloster, besichtigt werden. Die als »Presepe Cuciniello« bekannte Krippe umfasst Hunderte von verschiedenen Objekten, darunter mehr als 160 menschliche sowie viele Engel- und Tierfiguren.

Die meisten Figuren und *presepi* werden in Werkstätten gefertigt, die sich auf beiden Seiten der Via San Gregorio Armeno – auch »Krippenstraße« genannt – in der neapolitanischen Altstadt aneinanderreihen. Hier kann man das ganze Jahr über den geschäftigen Handwerkern beim Schnitzen und Bemalen der Objekte zusehen.

Die älteste erhaltene Krippe ist in der Basilika Santa Maria Maggiore in Rom zu besichtigten. Die Basilika wurde um 430 n. Chr. am Standort einer älteren Kirche errichtet. Papst Sixtus III. ließ darin um das Jahr 432 eine Nachbildung der Grotte in Bethlehem erschaffen, in der Jesus angeblich geboren wurde. Sixtus sammelte dort Reliquien, die Pilger aus dem Heiligen Land mitbrachten, darunter Fragmente jener Holzkrippe, in die das neugeborene Jesuskind gelegt worden sein soll. Papst Nikolaus IV. beauftragte 1288 den toskanischen Bildhauer Arnolfo di Cambio damit, eine Skulptur der Krippen-Szenerie für die Kapelle zu kreieren, die neben der Jungfrau Maria und dem Jesuskind Josef, die Heiligen Drei Könige, Ochs und Esel umfasste. Die Skulptur der Jungfrau Maria ging offenbar verloren und wurde rund 300 Jahre später ersetzt, die übrigen Figuren der ältesten Geburtsszene der Welt blieben erhalten und sind im Museum ausgestellt. Die Confessio unterhalb des Altars von Santa Maria Maggiore birgt nach wie vor das Silberreliquiar mit Holzsplittern der Heiligen Krippe.

Wenden wir uns nun einer Adventstradition zu, die besonders viele Erinnerungen weckt – der Weihnachtsmusik.

Kapitel 7

Weihnachtsmusik

Weihnachten wäre nicht Weihnachten ohne all die vertrauten Hymnen, Choräle und Weihnachtslieder, die uns mit weihnachtlicher Freude erfüllen und die augenblicklich Bilder wachrufen von flackernden Kerzen, knisterndem Kaminfeuer, vom Kind in der Krippe, von Engeln, Ochs und Esel, Weihnachtsgebäck, Glühwein, Geschenken unterm Baum, einem Stern im Osten und trauter Familie.

Weihnachtslieder

Das Singen von Weihnachtsliedern, die die Geschichte von der Geburt Jesu erzählen, ist eine Tradition, die fast bis zur Geburt Christi selbst zurückreicht, doch die Ursprünge des Liedersingens liegen viel weiter zurück – vermutlich haben schon die Urvölker gesungen.

In Großbritannien geht das Singen von Weihnachtsliedern, das sogenannte *Carol Singing*, auf den alten Brauch des *Wassailing* zurück, das sich aus der heidnischen Tradition entwickelte, zu Mittwinter Lieder und Opfer mit der Bitte um Gesundheit und eine gute Ernte darzubringen.

Das Wort *wassail* leitet sich von dem angelsächsischen »*Waes hael*« ab, was »Seid guter Gesundheit« bedeutet. Den Wunsch rief der Gutsherr seinen Leuten zu Beginn des neuen Jahres zu; diese antworteten mit »*Drink hael*« (»Trink wohl«), und alle tranken aus einer großen Schale, die von einem zum anderen weitergereicht wurde. Der Trank darin bestand je nach Landesteil aus warmem Bier, Wein oder Cider, vermischt mit Honig, Gewürzen, Eiern und Sahne. Darin schwammen kleine Brotstückchen.

Auf dem Land zogen die *Wassailers* nach Einbruch der Dunkelheit in der *Twelfth Night* (5. Januar) beziehungsweise der *Old Twelfth Night* (17. Januar), nach dem alten Kalender, von Obstgarten zu Obstgarten, sangen und schlugen Trommeln, um die bösen Geister zu vertreiben. Dann legten sie die im *Wassail*-Gebräu getränkten Brotstückchen auf die Äste eines ausgewählten Baumes und sangen und tranken auf die Gesundheit des Baumes in der Hoffnung auf eine gute Ernte. Diese Tradition lebt in vielen westlichen Counties von England fort, etwa in Devon, Somerset und Herefordshire, wo viel Obst angebaut wird, ebenso in der Normandie in Frankreich.

In den Städten zogen Jugendliche mit einem Krug, der *Wassail Bowl*, von Tür zu Tür. Sie bekamen Geld, Essen oder ein kleines Geschenk, zum Dank tranken sie auf die Gesundheit der Bewohner und sangen dazu *Wassailing Songs*.

Als sich mit der Zeit das Christentum ausbreitete und das alte Brauchtum, entsprechend angepasst, in christliche Gebräuche integrierte, wurden aus den *Wassailing Songs* Weihnachtslieder.

Das Weihnachtslied »*We Wish You a Merry Christmas*« entstand aus einem traditionellen *Wassailing Song* aus dem Südwesten Englands. In dem von Arthur Warrell 1935 adaptierten Lied erbitten die Sänger Feigenpudding (»*some figgy pudding*«) als Gegenleistung für den Gesang, mit dem sie gute Nachrichten (»*good tidings*«) überbringen, also den Zuhörern und ihren Angehörigen (»*To you and your kin*«) ein frohes Weihnachtsfest und ein glückliches neues Jahr wünschen.

We wish you a merry Christmas,
We wish you a merry Christmas,
We wish you a merry Christmas
And a happy New Year.
Good tidings we bring
To you and your kin;
We wish you a merry Christmas
And a happy New Year!

Oh, bring us some figgy pudding,
Oh, bring us some figgy pudding,
Oh, bring us some figgy pudding,
And bring it right here.
Good tidings we bring
To you and your kin;
We wish you a merry Christmas
And a happy New Year!

Neben den *Wassailing Songs* haben die *Carols*, die britischen Weihnachtslieder, noch andere Wurzeln. *Carol* leitet sich vom altfranzösischen *carole* ab, das einen Kreistanz mit Flötenbegleitung bezeichnete. Dieses basiert vermutlich auf dem lateinischen *choraules* für einen »Flötenspieler«, dem letztlich das griechische χορός (»Reigentanz«) zugrunde liegt. *Carols* im ursprünglichen Wortsinn gibt es somit schon sehr lange.

Die ersten *Carols* waren also keine Weihnachtslieder, sondern heidnische Volkslieder, die man sang, wenn man bei den Festen zur Wintersonnenwende um Steinkreise tanzte. Christen griffen die heidnischen Lieder und ihre Symbole auf und schrieben sie mit christlichen Texten und Bildern um.

Das allererste christliche »Weihnachtslied« erklang wohl 129 n. Chr., als Telesphorus, der Bischof von Rom, angeordnet haben soll, dass »in der Heiligen Nacht der Geburt unseres Herrn und Erlösers alle feierlich den ›Engelsgesang‹ singen sollen«.

Mit dem »Engelsgesang« war das »*Gloria in excelsis Deo*« (»Ehre sei Gott in der Höhe«) gemeint, das laut Lukasevangelium die Schar der Engel anstimmte, nachdem den Hirten die Geburt Christi verkündet worden war. Alle Hymnen und Messen wurden damals auf Lateinisch gesungen. Wir kennen den »Engelsgesang« als Refrain des bekannten Weihnachtsliedes »Hört der Engel helle Lieder«. Die Verse dieses Liedes mit der Geschichte von der Geburt Jesu sind eine Übersetzung des alten französischen Liedes »*Les anges dans nos campagnes*«, die Otto Abel 1954 verfasste. Das französische Lied aus dem 18. Jahrhundert wurde von einem unbekannten Autor geschrieben und basiert vermutlich auf einem von französischen Hirten im Mittelalter gesungenen Lied. »Hört der Engel helle Lieder« ist folglich eine Fusion eines alten Hirtenliedes mit Worten des allerersten Weihnachtsliedes, das Mönche seit den frühesten Anfängen des Christentums sangen.

Hört der Engel helle Lieder
Klingen das weite Feld entlang,
Und die Berge hallen wider
Von des Himmels Lobgesang:
Gloria in excelsis Deo,
Gloria in excelsis Deo.

Im Laufe der Jahrhunderte schrieben Mönche und andere Geistliche viele Weihnachtslieder, die allerdings zunächst meist eher ernste religiöse Gesänge waren und, weil in Latein verfasst, kaum große Resonanz außerhalb der katholischen Kirche fanden. Ab dem Mittelalter wurden dann allmählich auch volkssprachliche Lieder verfasst, damit das einfache Volk sie verstehen und mitsingen konnte. In Deutschland beispielsweise entstanden bereits im 11. Jahrhundert die sogenannten »Leisen«, deutschsprachige Kirchenlieder, die auf »Kyrieleis« (von »*Kyrie eleison*« – »Herr, erbarme dich«) endeten und an kirchlichen Festtagen gesungen wurden.

Martin Luther wollte nicht nur die Bibel und die Messe, sondern auch die für ihn sehr wichtige Musik in die deutsche Sprache übertragen. So übersetzte er lateinische Liedtexte ins Deutsche und verfasste selbst zahlreiche Lieder, darunter auch Weihnachtslieder wie etwa das bekannte

»Vom Himmel hoch, da komm ich her.
Ich bring' euch gute neue Mär …«

In England tauchten die ersten Weihnachtslieder offenbar im 15. Jahrhundert auf, etwa in einem um 1426 von dem Priester John Audelay aus Shropshire verfassten Manuskript mit frommen Gedichten. Es waren Lieder, die auf Volksliedern und *Wassailing Songs* basierten und vor den Häusern, im Pub oder auf Festen gesungen wurden. Fahrende Sänger trugen die Weihnachtslieder von Ort zu Ort und passten die Texte an das jeweilige Publikum an, bis sie meist nur noch entfernt mit der Weihnachtsgeschichte verknüpft waren.

Die fröhliche Zeit fand in Großbritannien ein jähes Ende,
als Oliver Cromwell und die Puritaner an die Macht
kamen: Von 1649 bis 1660 waren Weihnachtslieder und
sogar das Weihnachtsfest selbst verboten, und obwohl sie
mit Charles II. und der Restauration wieder zurückkamen,
war die Kunst des *Carolling* weitgehend verschwunden.
Weihnachten wurde zu einer eher leisen Angelegenheit, die
man im privaten Zuhause feierte. Die Zerstörung der ländlichen Gemeinschaften, in denen das *Carol Singing* besonders
gepflegt worden war, durch die Industrielle Revolution
im 18. Jahrhundert trug ebenfalls dazu bei, dass sich die
Renaissance des geselligen Singens an Weihnachten in
Grenzen hielt.

In dieser Zeit wurden die *Carols* und das *Carol Singing*
zumindest teilweise durch die *Waits* am Leben erhalten,
Gruppen von Musikern, deren offizielle Aufgabe es ursprünglich war, in den Straßen der Städte bei Nacht zu
patrouillieren und mit ihren Instrumenten vor Gefahren zu
warnen. Irgendwann wurden daraus einfach Musiker, eine
Art Stadtkapelle, die nun besondere Besucher begrüßte und
Prozessionen begleitete. Die *Waits* wurden 1835 abgeschafft,
doch zur Weihnachtszeit zogen sogenannte *Christmas Waits*,
versierte Musiker, durch die Stadt und sangen gegen einen
Obolus Weihnachtslieder.

Mit dem 19. Jahrhundert brach ein Goldenes Zeitalter für
Weihnachtslieder an. In Großbritannien wurde es durch
die Publikation einiger Sammlungen mit alten *Carols* durch
enthusiastische Musikhistoriker ausgelöst. Die erste derartige Sammlung trug Davies Gilbert, Parlamentsmitglied
aus Bodmin, zusammen, der die Carols seiner Kindheit in
Cornwall wiederentdeckte und bewahren wollte. Sein 1822
veröffentlichtes Werk *Some Ancient Christmas Carols – With the
Tunes to Which They Were Formerly Sung in the West of England*
hatte großen Erfolg und machte viele Lieder weithin bekannt. 1833 folgte eine weitere Liedersammlung: *Christmas
Carols – Ancient and Modern* von William Sandys. Charles
Dickens verwendete ein Lied aus Sandys' Sammlung als
Rahmen für seine Erzählung *A Christmas Carol* (1843,
dt.: *Eine Weihnachtsgeschichte*) und lieferte damit einen Hinweis auf den Charakter des geizigen Protagonisten Scrooge:

»… aber beim ersten Ton des Liedes ›*God bless you, merry gentlemen! May nothing you dismay!*‹ ergriff Scrooge das Lineal mit einer solchen Heftigkeit, dass der Sänger voll Schrecken fortrannte …«

Bis zur zweiten Hälfte des 19. Jahrhunderts fand das Singen von Weihnachtsliedern in Großbritannien außerhalb von Gottesdiensten statt, denn viele der Lieder wurden als zu schwungvoll und unreligiös erachtet. Das änderte sich, als die viktorianischen Komponisten begannen, für den Kirchengebrauch geeignete *Carols* zu erschaffen und ältere *Carols* anzupassen.

Der erste offizielle Gottesdienst mit Weihnachtsliedern fand 1880 an Heiligabend auf Initiative von Edward Benson statt, damals Bischof von Truro in Cornwall. Manche sagen, er habe so die Leute von den Pubs fernhalten wollen. Eigentlich kam der Vorschlag von George Walpole, der später Bischof von Edinburgh wurde. Bensons Sohn Arthur erinnerte sich: »Mein Vater stellte aus alten Quellen einen kleinen Gottesdienst für Heiligabend zusammen – neun *Carols* und neun kurze Lesungen, die von verschiedenen Funktionsträgern der Kirche gelesen wurden, vom Chorleiter bis hin zum Bischof.« Der Gottesdienst fand in einer Behelfskonstruktion aus Holz statt, weil sich die Kathedrale von Truro noch im Bau befand. Rund 400 Personen nahmen daran teil. Es war ein großer Erfolg und eine Vorlage für Liedergottesdienste überall an Heiligabend.

Heutzutage sind *Carol Services* nicht auf Heiligabend beschränkt, sondern finden den ganzen Dezember über bis Weihnachten statt. Oft werden sie bei Kerzenbeleuchtung abgehalten, um an viktorianische Zeiten ohne elektrische Kirchenbeleuchtung zu erinnern und die bevorstehende Geburt Christi, des »Lichts der Welt«, anzukündigen.

Weihnachtslieder weltweit

Australien

Insbesondere Australien griff die Idee des Gottesdienstes bei Kerzenschein auf: Der erste derartige Gottesdienst mit weihnachtlichem Gesang, »*Carols by Candlelight*«, wurde 1937 in Melbourne abgehalten. Seither ist er ein traditioneller Teil der australischen Weihnacht und findet im Dezember in Städten überall im Land statt. Der Gottesdienst in Melbourne bleibt der bedeutendste *Candlelight Carol Service* Australiens und wird immer an Heiligabend in der Sidney Myer Music Bowl in den Kings Domain Gardens abgehalten. Internationale Stars und ein Orchester begleiten das gemeinsame Singen traditioneller Weihnachtslieder. Seit 1937 gibt es eine Übertragung im Radio und seit 1969 eine Fernsehausstrahlung, die heutzutage bis nach Neuseeland, auf viele Pazifikinseln und in große Teile Ostasiens gesendet wird.

USA

Fast alle traditionellen Weihnachtslieder werden auch in den USA gesungen, wohin sie über die Jahre durch die verschiedenen Immigrantenwellen kamen. Doch es gibt durchaus auch einheimische Lieder. Hier sind die drei amerikanischen Favoriten.

Away in a manger, no crib for a bed,
The little Lord Jesus laid down His sweet head.
The stars in the bright sky looked down where He lay,
The little Lord Jesus, asleep on the hay.

Die ersten beiden Strophen von »*Away in a Manger*« (sinngemäß: »Fernab in einer Futterkrippe«) erschienen erstmalig im März 1882 in der Rubrik »*Childrens' Corner*« der amerikanischen Zeitschrift *The Christian Cynosure*. Der amerikanische Komponist James R. Murray, der den Text 1887 vertonte, gab an, der Reformator Martin Luther selbst habe das Lied geschrieben. Das stimmt mit ziemlicher Sicherheit nicht – wahrscheinlicher ist, dass der Text aus einem Liederbuch stammt, das in Pennsylvania eingewanderte deutsche Lutheraner zusammengestellt hatten, und so zu einem amerikanischen *Carol* wurde. In England singt man das Lied zu einer 1895 von dem Amerikaner William J. Kirkpatrick komponierten Melodie.

O little town of Bethlehem,
How still we see thee lie!
Above thy deep and dreamless sleep
The silent stars go by.

Die Verse von »*O Little Town of Bethlehem*« wurden 1868 von Phillips Brooks, dem Pfarrer der Church of the Holy Trinity in Philadelphia, als Weihnachtsgedicht für seine Sonntagsschulkinder verfasst und waren durch eine Pilgerreise nach Bethlehem drei Jahre zuvor inspiriert. Die Musik schrieb sein Organist Louis Redner. Ein lokaler Buchhändler bat darum, das Lied drucken und als Broschüre verkaufen zu dürfen; bald darauf wurde es auch in einem Gesangbuch veröffentlicht. Das Lied war sofort ein Erfolg in Amerika und wurde 1906 von dem Komponisten Ralph Vaughan Williams in England eingeführt. Er schrieb dafür ein neues Arrangement auf der Basis des alten englischen Volksliedes »*The Ploughboy's Dream*«, das ihm ein Arbeiter aus Forest Green in Surrey beigebracht hatte.

Das sehr populäre Weihnachtslied »*Jingle Bells*« wurde von dem US-amerikanischen Komponisten James Lord Pierpont (Onkel des Bankiers J. P. Morgan) ursprünglich nicht für Weihnachten, sondern für *Thanksgiving* geschrieben. 1857 wurde es erstmals in Boston unter dem Titel »*One Horse Open Sleigh*« (»Der offene einspännige Pferdeschlitten«) publiziert und zwei Jahre später erneut veröffentlicht, diesmal unter dem Titel »*Jingle Bells*«. Das Lied soll von Schlittenrennen in Medford in Massachusetts inspiriert worden sein; im dortigen Stadtzentrum verkündet eine Tafel, dass Pierpont es im Jahr 1850 in der damaligen Simpson Tavern geschrieben habe. Nur wenige wissen, dass »*Jingle Bells*« das erste Lied war, das aus dem Weltraum gesendet wurde. Im Dezember 1965 spielten es die Astronauten von Gemini 6, Walter Schirra und Thomas Stafford, mit Mundharmonika und Schellenband, nachdem sie zuvor scherzhaft über die Sichtung von Santa Claus in seinem Schlitten berichtet hatten.

Jingle bells,
Jingle bells,
Jingle all the way.
Oh! what fun it is to ride
In a one-horse open sleigh.

Kanada

Das erste Weihnachtslied der Neuen Welt wurde um 1642 von dem französischen Jesuiten Jean de Brébeuf geschrieben, der als Missionar nach Nordamerika und dort zu den damals als »Huronen« (heute »Wendat« oder »Wyandot«) bekannten Ureinwohnern an den Großen Seen gekommen war. Das Lied mit der Melodie eines alten französischen Volksliedes war in der Sprache der Wendat geschrieben und trug den Titel »*Jesous Ahatonhia*« (»Jesus ist geboren«). Der später heiliggesprochene Jean de Brébeuf wurde 1649 von Irokesen getötet, die die Mission überfielen. Das Weihnachtslied blieb jedoch erhalten und gilt heute als kanadischer Nationalschatz. Es taucht in anglikanischen Gesangbüchern, aber auch auf Alben bekannter Sänger wie Bruce Cockburn und Tom Jackson auf.

Frankreich

Les anges dans nos campagnes
Ont entonné l'hymne des cieux;
Et l'écho de nos montagnes
Redit ce chant mélodieux.
Gloria in excelsis Deo!
Gloria in excelsis Deo!

Viele der ältesten Weihnachtslieder kommen aus Frankreich. Ein gutes Beispiel ist »Hört der Engel helle Lieder«, eine Adaptation des alten französischen Liedes »*Les anges dans nos campagnes*« (s. S. 75). Es gibt den Moment aus der Weihnachtsgeschichte im Lukasevangelium wieder, in dem den Hirten auf dem Feld durch einen Engel die Geburt Christi verkündet wird, woraufhin eine Engelschar jubiliert: »Ehre sei Gott in der Höhe!« (»*Gloria in excelsis Deo!*«) Möglicherweise basiert es auf einem deutlich älteren französischen Hirtenlied.

Mit einem anderen alten französischen Weihnachtslied, »*Entre le bœuf et l'âne gris*«, dessen traditionelle Melodie aus dem 19. Jahrhundert wohl ihren Ursprung im 13. Jahrhundert hat, wird das Jesuskind in der Krippe besungen: »Zwischen Ochs und grauem Esel / Schläft, schläft, schläft der kleine Sohn ...« In der Weihnachtsgeschichte der Evangelien werden Ochs und Esel allerdings nicht erwähnt; ihr Erscheinen verdanken sie vermutlich dem nach 600 entstandenen Pseudo-Matthäusevangelium, das sich bei ihrer Erwähnung auf eine Textstelle des Propheten Jesaja im Alten Testament bezieht.

Deutschland

Auch in Deutschland entstanden insbesondere im 19. Jahrhundert zahlreiche Weihnachtslieder, die teilweise ebenfalls auf älterem Liedgut basierten. Ein bekanntes Beispiel dafür ist »O Tannenbaum«, das auf ein ursprünglich unreligiöses Volkslied aus dem 16. Jahrhundert zurückgeht. Bei anderen handelte es sich um Übersetzungen aus dem Lateinischen (beispielsweise beruht das Lied »Herbei, o ihr Gläub'gen« auf dem lateinischen »*Adeste fideles*«), oder es wurden deutsche Texte für bekannte Melodien aus anderen Ländern verfasst: Auf diese Weise wurde aus dem italienischen Marienlied »*O sanctissima, o purissima, dulcis virgo Maria*« das deutsche Weihnachtslied »O du fröhliche«. Daneben wurden neue Lieder geschrieben, in denen der weihnachtliche Aspekt – die Geburt Christi – mal stärker (wie etwa in »Ihr Kinderlein, kommet«), mal weniger deutlich zutage trat (»Leise rieselt der Schnee«).

O Tannenbaum, o Tannenbaum,
Wie treu* sind deine Blätter.
Du grünst nicht nur zur Sommerzeit,
Nein, auch im Winter, wenn es schneit:
O Tannenbaum, o Tannenbaum,
Wie treu* sind deine Blätter!

(* auch: »grün«)

Österreich

Stille Nacht! Heilige Nacht!
Alles schläft, einsam wacht
Nur das traute hochheilige Paar.
Holder Knabe im lockigen Haar,
Schlaf in himmlischer Ruh,
Schlaf in himmlischer Ruh.

Österreich ist die Heimat von »Stille Nacht«, des wohl berühmtesten und beliebtesten Weihnachtsliedes überhaupt. Auch dieses Lied könnte von dem alten französischen Lied »*Les anges dans nos campagnes*« inspiriert sein, denn auch hier wird von den Engeln erzählt, die den Hirten auf dem Feld erscheinen, wie im Lukasevangelium beschrieben. Über die Entstehung dieses schönen Weihnachtsliedes weiß man nicht allzu viel. Sicher ist, dass der Text 1816 vom jungen katholischen Hilfspriester Joseph Mohr (1792–1848) in Mariapfarr, dem Heimatort seines Vaters, geschrieben wurde. Zwei Jahre später sollte er die Christmette in der kleinen Kirche von Oberndorf bei Salzburg halten. Da jedoch die dortige Orgel beschädigt und nicht einsatzfähig war, bat Mohr seinen Freund Franz Xaver Gruber, einen Lehrer und Organisten, eine Melodie zu seinen Versen zu komponieren, die auf der Gitarre spielbar war. »Stille Nacht« wurde von Mohr und Gruber erstmals 1818 in der Mitternachtsmesse in Oberndorf zweistimmig zu Mohrs Gitarrenbegleitung gesungen. Als der Orgelbauer Karl Mauracher nach Weihnachten kam, um die Orgel zu reparieren, testete Gruber das Instrument und spielte »Stille Nacht«. Mauracher war begeistert und nahm eine Kopie mit in seine Heimatgemeinde Fügen, wo das Lied an Weihnachten 1819 von den Geschwistern Rainer gesungen wurde, die in den Folgejahren in vielen europäischen Ländern unterwegs waren und Volksmusik-Konzerte gaben. Eine weitere bekannte Familie fahrender Sänger waren die Strassers, die das Lied ebenfalls in ihr Weihnachtsrepertoire aufnahmen. Sie sangen es auch für Friedrich Wilhelm IV., den König von Preußen, der »Stille Nacht« zu seinem Lieblingslied erklärte und es an Heiligabend vom Domchor in Berlin singen ließ. Eine Zeit lang hielt man Johann Michael Haydn für den

Komponisten; doch 1854 machte die Berliner königliche Hofkapelle Franz Xaver Gruber ausfindig, der daraufhin schriftlich seine musikalische Urheberschaft bezeugte. 1995 entdeckte man ein Autograf von Joseph Mohr, vermutlich aus dem Jahr 1823, in dem er sich selbst als Verfasser und Gruber als Komponisten erwähnt.

»Stille Nacht« wurde in mehr als hundert Sprachen übersetzt. Die englische Version, die noch heute gesungen wird, ist eine Übersetzung des New Yorker Geistlichen John Freeman Young von 1859. Eine Aufnahme von Bing Crosby aus dem Jahr 1934 verkaufte sich 30 Millionen Mal und belegt Platz drei der meistverkauften Singles. Öfter als jedes andere Lied wählten die Briten »Stille Nacht« zu ihrem Lieblingsweihnachtslied.

Die beliebtesten Weihnachtslieder der Welt

Bei dieser Gelegenheit könnten wir einen kurzen Blick auf einige populäre Weihnachtssongs werfen, die nicht unbedingt religiös, dafür aber thematisch passend sind. Einige von ihnen gehören zu den meistverkauften Songs aller Zeiten. Die Bestplatzierung in den US-amerikanischen und britischen *Christmas pop charts* ist natürlich sehr begehrt: Ein guter *Christmas song* verkauft sich vielleicht nur während der Weihnachtszeit, dafür aber Jahr für Jahr.

»White Christmas«

»*White Christmas*« ist der meistverkaufte Song aller Zeiten. Er wurde 1940 von Irving Berlin geschrieben und an Weihnachten 1941 von Bing Crosby im Radio gesungen. Im darauffolgenden Jahr wurde das Lied für den Film *Holiday Inn* (dt. Titel: *Musik, Musik*) mit Bing Crosby und Fred Astaire aufgenommen. Es heißt, Berlin habe den Text am Pool eines kalifornischen Hotels geschrieben – in Erinnerung an die Weihnachtsfeste seiner Kindheit in New York. Über die fertige Komposition soll er gesagt haben: »Das ist nicht nur der beste Song, den ich je geschrieben habe – das ist der beste Song, den jemals irgendjemand geschrieben hat!« Er lag nicht verkehrt. Von Bing Crosbys Einspielung des Songs in den Decca-Studios wurden mehr als 50 Millionen Singles verkauft; es war der größte Verkaufshit in Crosbys Karriere. Alles

in allem, Coverversionen und Alben eingeschlossen, verkaufte sich
»*White Christmas*« über 100 Millionen Mal. Viele bekannte Künstler,
wie Doris Day, die Beach Boys, Bob Marley und Bob Dylan, machten Aufnahmen davon. Die Filmversion aus *Holiday Inn* gewann 1943
den Oscar für den besten Song. Das Lied lieferte sogar die Vorlage zu
einem eigenen Musikfilm: *White Christmas* (dt. Titel: *Weiße Weihnachten*)
war 1954 der umsatzstärkste Film. Sein Erfolg zeigte, dass auch ein
weltliches Lied zum Teil von Weihnachten werden kann – genau wie
ein traditionelles Weihnachtslied. »*White Christmas*« ist zu einer echten
Weihnachtshymne geworden.

»Rudolph the Red-Nosed Reindeer«

Alles begann mit einer Geschichte, die der junge Werbetexter Robert
Lewis May 1939 verfasste. May wurde von seinem Arbeitgeber, dem
Kaufhaus Montgomery Ward in Chicago, beauftragt, ein Gedicht
für ein als Anzeigen-Kampagne gedachtes Weihnachtsmalbuch für
Kinder zu schreiben. May erfand die Geschichte von einem jungen
Rentier namens Rudolph, das wegen seiner hellroten Nase gehänselt
und ausgegrenzt wird, aber schließlich zum Helden wird, als es mit
seiner rot leuchtenden Nase den Schlitten von Santa Claus an einem
Weihnachtsabend sicher durch dichten Nebel geleitet. Bei Montgomery Ward war man zunächst besorgt wegen der roten Nase und
einer möglichen Assoziation mit Alkoholismus, doch letztlich blieb
man bei dem Konzept und verkaufte allein in der Weihnachtssaison 1939 rund zweieinhalb Millionen Exemplare des Buchs. Bis zur
Papierverknappung infolge des Zweiten Weltkriegs waren es Millionen
weitere Exemplare pro Jahr. 1948 erschien ein achtminütiger Zeichen-
trick-Kurzfilm mit dem Titel *Rudolph the Red-Nosed Reindeer*. Zu jener
Zeit suchte der Komponist Johnny Marks, Mays Schwager, der die
Geschichte vertont hatte, einen Künstler für die Aufnahme des Songs
als Single. Schließlich nahm Gene Autry, der »singende Cowboy«,
ihn 1949 eher widerwillig – auf Bitten seiner Frau hin, so heißt es – als
B-Seite auf. Von Autrys Single wurden bereits in der ersten Weihnachtssaison 1,75 Millionen Exemplare verkauft, inzwischen dürften
es, alle Versionen zusammengenommen, weit über 100 Millionen sein.
Der Song liegt nach »*White Christmas*« auf Platz zwei der Verkaufs-
hitliste und ging so ebenfalls in die Annalen ein.

»The Christmas Song – Chestnuts Roasting on an Open Fire«

Der Song wurde 1945 von Bob Wells und Mel Tormé geschrieben. Wells begann mit der Arbeit an den Versen während eines heißen Sommers in Kalifornien – gewissermaßen als mentale Abkühlung. Sein Partner, der Sänger und Komponist Mel Tormé, kam vorbei und sah die auf einem Zettel notierten Stichworte:»Kastanien«,»Jack Frost«,»Weihnachtszeit«,»Eskimos« …

»Ich denke, du hast hier einen Song«, sagte er, setzte sich ans Klavier, und in nur 40 Minuten schrieben sie das Lied, das zum meistvorgetragenen Song aller Zeiten werden sollte. Ihr Verleger war wenig beeindruckt, bemängelte, dass das Musikstück nur von Heiligabend handle und niemand eine Platte kaufen würde, die man nur an einem Abend im Jahr spielen könne. Unsinn. Als Well und Tormé das Stück ihrem Freund Nat King Cole vorspielten, sprang der von seinem Stuhl auf und erklärte mit Nachdruck:»Keiner außer mir bekommt den Song.« Es wurde Nat King Coles größter Hit.

Weitere Weihnachtsfavoriten

Ein weiterer Klassiker, ohne den kein Weihnachten, vor allem kein amerikanisches Weihnachtsfest komplett wäre, ist »*Winter Wonderland*« von 1934; die Musik stammt von Felix Bernard, der Text von Richard Smith. Zu den Versen wurde Smith von in einem verschneiten Park spielenden Kindern inspiriert, die er vom Fenster eines Sanatoriums in Pennsylvania aus beobachtete, wo er sich einer Tuberkulose-Behandlung unterzog. Das Lied wurde von den größten Stars aufgenommen, darunter Frank Sinatra, Dean Martin, Ella Fitzgerald, Elvis Presley, The Carpenters, Eurythmics, Neil Diamond, Barry Manilow, Dolly Parton und Bing Crosby.

Dann wäre »*Santa Claus is Comin' to Town*« von John Coots und Haven Gillespie zu nennen, das 1934 erstmals im Radio gespielt und im Laufe der Jahre unter anderem von Bing Crosby, Bruce Springsteen, The Crystals, Mariah Carey und den Jackson 5 aufgenommen wurde. Und natürlich »*I'll be Home for Christmas*«, das Kim Gannon und Walter Kent während des Zweiten Weltkriegs für die amerikanischen Soldaten in Übersee schrieben und das Bing Crosby 1943 aufzeichnete.

Für die weltweite Verbreitung von weihnachtlichem Liedgut scheint Bing Crosby der Schlüssel gewesen zu sein. Dennoch gibt es ein paar Songs, die es ohne ihn in die Weihnachtssaison geschafft haben: etwa

»*Mary's Boy Child*« von Harry Belafonte und später von Boney M., »*Last Christmas*« von Wham, »*When a Child is Born*« von Johnny Mathis, »*I Wish it Could Be Christmas Everyday*« von Wizzard, »*Wonderful Christmastime*« von Paul McCartney oder auch Cliff Richards »*Mistletoe and Wine*« für die besonders sanfte Stimmung.

Ebenfalls nicht von Bing Crosby gesungen und dennoch die unangefochtene Nummer eins der britischen Weihnachtssingle-Charts ist »*Do They Know It's Christmas?*« von Band Aid, das bei der Erstveröffentlichung 1984 einen Verkaufsrekord von 3,69 Millionen Platten erzielte. Der Song landete noch zweimal auf Platz eins der *Christmas charts*: 1989 mit Band Aid II und 2004 mit Band Aid 20. Insgesamt wurden fast zwölf Millionen Singles von diesem Lied verkauft, und es hielt den Verkaufsrekord im Vereinigten Königreich, bis es 1997 von »*Candle in the Wind*«, Elton Johns Tribut an Prinzessin Diana, abgelöst wurde.

The Beatles sind die einzige Band, die es viermal auf den ersten Platz der Weihnachts-Charts schafften: dreimal in Folge, von 1963 bis 1965, mit »*I Want to Hold Your Hand*«, »*I Feel Fine*« und »*Day Tripper*«, dann wieder 1967 mit »*Hello, Goodbye*«.

Paul McCartney war öfter auf Platz eins der *Christmas charts* als jeder andere Künstler: nicht nur viermal mit den Beatles, sondern auch einmal 1977 mit den Wings und »*Mull of Kintyre*« (der ersten britischen Single, die einen Verkaufsrekord von mehr als zwei Millionen Exemplaren erzielte), einmal 1984 mit Band Aid, 2004 wieder mit Band Aid 20 und schließlich 2012 mit The Justice Collective und »*He Ain't Heavy, He's My Brother*«. Cliff Richard und das Spice Girl Mel C sind ebenfalls höchst erfolgreiche Weihnachtssänger; beide besetzten jeweils viermal den ersten Platz – mit verschiedenen Songs, solo und als Teil diverser Bands.

»*Bohemian Rhapsody*« von Queen war als einziger Song zweimal die weihnachtliche Nummer eins – als Interpretation derselben Künstler, und zwar 1975 und nochmals 1991 nach dem Tod von Freddie Mercury. »*Mary's Boy Child*« landete ebenfalls zweimal auf dem ersten Platz, aber mit unterschiedlichen Interpreten: 1957 mit Harry Belafonte und 1978 mit Boney M.

Die Rockband Slade ist angeblich der Spitzenverdiener unter den Machern von Weihnachtssongs – mit Einnahmen von rund 500 000 Pfund jährlich für ihren Song »*Merry Xmas Everybody*« von 1973.

Die Lektüre hat Sie schon richtig in Weihnachtsstimmung versetzt? Gut, dass Weihnachten nun endlich vor der Tür steht.

Kapitel 8

Die zwölf
Weihnachtstage

Bei den »zwölf Weihnachtstagen« handelt es sich für Katholiken und Protestanten um die Zeit zwischen dem Weihnachtstag am 25. Dezember und dem Dreikönigstag am 6. Januar. Diese zwölf Tage werden von der Kirche seit Langem als Abfolge von Festtagen gefeiert.

Das Konzept einer zwölftägigen Festivität griff heidnische Feste der Druiden und des nordischen Julfests auf, bei denen am Tag der Wintersonnenwende ein Julblock, also ein Holzscheit mit Bier oder Cider begossen, mit immergrünen Zweigen geschmückt und anschließend angezündet wurde. Dann ließ man es zwölf Tage lang schwelen, bevor es feierlich gelöscht wurde.

An den zwölf Weihnachtstagen lässt sich erkennen, dass die säkulare und die religiöse Weihnachtszeit nicht übereinstimmen. Die weltliche Weihnachtssaison beginnt Ende November mit dem Advent und umfasst all die Traditionen, die schon angesprochen wurden: Weihnachtskarten und -lieder, Weihnachtsmärkte und -einkäufe, Weihnachtsbäume und -dekoration. Das Ganze findet schließlich an Heiligabend oder am ersten Weihnachtstag mit einem üppigen Festmahl und dem Auspacken der Geschenke seinen Höhepunkt und klingt mit dem zweiten Weihnachtstag aus. Die religiöse Weihnachtszeit dagegen beginnt in der Nacht zum ersten Weihnachtstag und dauert zwölf Tage bis zur »Erscheinung des Herrn« (Epiphanias) am 6. Januar. Der Advent ist für die Kirche nur die Zeit des bangen, hoffnungsvollen Wartens auf die Ankunft Christi.

An dieser Stelle ist vielleicht eine kurze, sehr vereinfachte Anmerkung zur West- und Ostkirche hilfreich, denn vorrangig beschäftigen wir uns in diesem Buch natürlich mit Weihnachten, wie es in den englischsprachigen und westeuropäischen Ländern gefeiert wird, die wesentlich von der Westkirche beeinflusst wurden.

Nachdem das Christentum im 4. Jahrhundert zur Staatsreligion des Römischen Reiches erklärt worden war, zerfiel das Weströmische Reich im darauffolgenden Jahrhundert, während sich das Oströmische Reich mit Konstantinopel als Hauptstadt und Griechisch als Amtssprache neu organisierte. Parallel dazu spaltete sich auch die Römische Reichskirche in mehrere große Gemeinschaften, vor allem in die griechisch beeinflusste orthodoxe Ostkirche und die lateinisch geprägte römisch-katholische Kirche im Westen, wo wesentlich später der Protestantismus hinzukam. Die Kirchen, geprägt von diversen Kulturen und Traditionen, führten verschiedene Liturgien und Feste ein, weshalb die West- und die Ostkirche heute, bei allen Gemeinsamkeiten, Weihnachten auf unterschiedliche Weise feiern.

Die zwölf Weih-
nachtstage wurden
erstmals im
4. Jahrhundert von
Ephräm dem Syrer,
einem Gelehrten der
orthodoxen Kirche, als
»kontinuierliche Festzeit«
beschrieben. Das Konzil
von Tours 567 n. Chr. bestimmte
dann offiziell die zwölftägige Zeit des Feierns.
Möglicherweise war dies der Versuch, die verschiedenen Ausprägun-
gen der West- und der Ostkirche miteinander zu verbinden – etwa das
westliche Feiern der Geburt Christi am 25. Dezember und das östliche
Fest der Geburt beziehungsweise der Taufe Jesu am 6. Januar.

In den Gesetzen von König Æthelred, der in England fast durch-
gängig von 978 bis 1016 regierte, wurde verfügt, dass die *Twelve Days
of Christmas* »eine Zeit des Friedens und der Eintracht unter den
Christen, in der jeglicher Streit ruhen soll«, darstellen – eine Zeit des
allgemeinen Wohlwollens.

Im Mittelalter und in der Tudorzeit gingen die religiösen Grund-
sätze der *Twelve Days* aufgrund der vielen eher heidnischen Elemente
des zügellosen Feierns und Lärmens weitgehend unter, was einer der
Gründe für das Verbot von Weihnachten unter den Puritanern war.

Heute wird die religiöse Bedeutung der zwölf Weihnachtstage generell
weitgehend übergangen, obwohl Heiligabend und der erste Weihnachtstag noch entsprechende Resonanz finden. Der zweite Weihnachtstag und Neujahr haben eher weltliche Bedeutung, und der Dreikönigstag ist der Zeitpunkt, an dem traditionell der Weihnachtsbaum
und die Dekoration entfernt werden.

Die Idee der zwölf Weihnachtstage lebt in Großbritannien heute vielleicht am ehesten in einem der beliebtesten Weihnachtslieder fort – in
»*The Twelve Days of Christmas*«:

Am zwölften Weihnachtstage
Schickte mir mein Liebster:
Zwölf trommelnde Trommler,
Elf dudelnde Dudelsackpfeifer,
Zehn hüpfende Herren,
Neun tanzende Damen,
Acht melkende Mägde,
Sieben schwimmende Schwäne,
Sechs Eier legende Gänse,
Fünf goldene Ringe,
Vier flötende Vögel,
Drei französische Hennen,
Zwei Turteltauben
Und ein Rebhuhn in einem Birnbaum.

Der englische Liedtext wurde erstmals 1780 ohne Noten in dem Kinderbuch *Mirth Without Mischief* veröffentlicht. Das Buch präsentierte »zwölf nette Arten des Zeitvertreibs« aus der guten alten Zeit. Da es ein Buch über Gesellschaftsspiele war, kann man vermuten, dass es sich bei dem Text ursprünglich um ein Gedächtnis- und Konzentrationsspiel handelte – ähnlich dem Spiel »Kofferpacken« (»Ich packe meinen Koffer und lege ein … hinein«) –, das in der Festzeit der zwölf Tage gespielt wurde. Man gruppierte sich zu einem Kreis, dann begann ein gewählter Zeremonienmeister mit dem ersten Vers über ein Rebhuhn im Birnbaum: »*On the first day of Christmas my true love sent to me – a partridge in a pear tree.*« Nacheinander wiederholte nun jeder in der Runde den ersten Vers. Dann hängte der Zeremonienmeister den zweiten Vers über die »*turtle doves*«

(»Turteltauben«) an, woraufhin nun beide Verse von allen wiederholt wurden. Im Verlauf des Spiels wurden die zu wiederholenden Verse immer zahlreicher, weil in jeder Runde jeweils einer hinzukam, und zudem immer schneller gesprochen. Sobald jemand eine Zeile vergaß oder einen Fehler machte, musste er aus dem Spiel ausscheiden. Gewinner war die erste Person, die alle zwölf Verse fehlerfrei und schnell aufsagen konnte. Das war nicht so einfach nach ein, zwei Gläschen Weihnachtspunsch oder mit einem von Süßigkeiten klebrigen Mund.

Die Entschlüsselung des Liedes

Der Text des Liedes hat vermutlich seinen Ursprung in einem alten französischen Lied beziehungsweise in einer englischen Übersetzung davon aus dem 16. Jahrhundert. Auf Französisch heißt das Rebhuhn *perdrix*, was ähnlich wie *pear tree* klingt – vielleicht kam so die Assoziation zustande.

Es gibt natürlich zahlreiche Theorien über die Bedeutung der verschiedenen Geschenke im Lied. Am wahrscheinlichsten ist, dass sie alle Elementen der mittelalterlichen Festivitäten an den zwölf Weihnachtstagen entsprachen, in Frankreich ebenso wie England: Zutaten der Festtafel, springende und tanzende Herren und Damen, musizierende Pfeifer und Trommler.

Der Text von »*The Twelve Days of Christmas*« wurde im 19. Jahrhundert verschiedentlich vertont, das definitive Arrangement stammt jedoch von Frederic Austin aus dem Jahr 1909, der die Melodie eines traditionellen Volksliedes in leicht veränderter Form übernahm und die Verse neu ordnete. Er führte auch die betont lange Intonierung von »*five gold rings*« ein, bei der jeder seine stimmlichen Fähigkeiten zeigen kann.

Werfen wir nun einen Blick auf jene drei der zwölf Weihnachtstage, die wir noch immer intensiv feiern: Heiligabend und die beiden Weihnachtstage.

Kapitel 9

Heiligabend

Wir neigen dazu, den ganzen Tag des 24. Dezember als »Heiligabend« zu bezeichnen, doch eigentlich setzt der Heilige Abend erst nach dem Sonnenuntergang ein. Und damit gehört er laut der christlichen Zeitrechnung schon zum Weihnachtstag, da ein Tag tatsächlich mit dem vorangehenden Abend beginnt – so steht es jedenfalls in der *Genesis*, im 1. Buch Mose, das in Vers 5 die Schöpfung der Welt beschreibt: »Und Gott nannte das Licht Tag und die Finsternis nannte er Nacht. Es wurde Abend und es wurde Morgen: erster Tag.«

Aus diesem Grund ist der 24. Dezember in Großbritannien und Nordamerika auch kein gesetzlicher Feiertag (in einigen Ländern Südamerikas, Skandinaviens und Osteuropas dagegen schon). In Deutschland, Österreich und der Schweiz gilt Heiligabend ebenfalls nicht als Feiertag; hier wird er üblicherweise als »stiller Tag« behandelt, an dem etwa die Läden bereits am Mittag oder frühen Nachmittag schließen.

Festival of Nine Lessons and Carols des King's College, Cambridge

Für viele Menschen, nicht nur in Großbritannien, sondern rund um den Globus, beginnt Weihnachten zweifellos am Heiligen Abend um 15 Uhr mit dem berühmtesten *Carol Service* der Welt, dem Gottesdienst *Festival of Nine Lessons and Carols* im King's College in Cambridge. Die King's College Chapel wird häufig als »das schönste Bauwerk der Welt«, ihr Chor als »der beste Chor der Welt« und das Festival als »der schönste Gottesdienst mit Weihnachtsliedern« bezeichnet. Dieser Festgottesdienst wurde 1918 am Ende des Ersten Weltkriegs von Eric Milner-White, dem College-Dekan und ehemaligen Militärkaplan, eingeführt, um die Gottesdienste der Kirche von England dynamischer und ansprechender zu gestalten. Der Ablauf wurde von einem Gottesdienst übernommen, den Edward Benson, der damalige Bischof von Truro und spätere Erzbischof von Canterbury, 1880 abgehalten hatte.

Im Jahr 1919 wurde die Abfolge der Lesungen im Gottesdienst des King's College leicht verändert; zudem wurde ein besonders geschätztes Element eingeführt: der Solovortrag der ersten Strophe des Liedes »*Once in Royal David's City*« durch einen Chorknaben als Auftakt der Feier. Der Junge erfährt erst in letzter Minute, dass er für das Solo ausgewählt wurde, damit er nicht vorab nervös wird. Er wird schließlich alleine, ohne jegliche Begleitung, vor einem weltweiten Millionenpublikum singen. Ich kann aus eigener Erfahrung sagen, dass ein paar der hohen Töne am Ende auch den versiertesten Chorsänger aus dem Takt bringen können.

»*Once in Royal David's City*«, eines unserer beliebtesten *Carols*, wurde von Cecil Frances Alexander, der Gemahlin des späteren Bischofs von Derry, Nordirland, für ihr 1848 veröffentlichtes Gesangbuch *Hymns for Little Children* geschrieben. Die Musik dazu komponierte 1849 der englische Organist Henry Gauntlett. Cecil Frances Alexander war eine der populärsten Hymnendichterinnen der viktorianischen Ära – sie schrieb mehr als 400 Kirchenlieder.

Auch der Schluss des *Festival of Nine Lessons and Carols* ist immer derselbe: Es endet traditionell mit »*Hark! The Herald Angels Sing*«, einem großartigen Weihnachtslied mit wechselvoller Geschichte. Die Verse wurden 1739 von Charles Wesley geschrieben, dem mit rund 6000 Werken produktivsten Verfasser von Kirchenliedern in England und Mitbegründer der Methodisten. Das *Carol* war als weihnachtliches Kirchenlied für die Sammlung *Hymns and Sacred Poems* seines Bruders John Wesley gedacht. Der Beginn des Liedes lautete ursprünglich: »*Hark! how all the Welkin rings, Glory to the King of Kings*«. Knapp 20 Jahre nach der Publikation wurden die Anfangsverse – sehr zum Ärgernis Wesleys – von seinem methodistischen Kollegen George Whitefield leicht abgeändert zum heute üblichen Wortlaut: »*Hark! the Herald Angels sing, Glory to the new-born King!*« Es mache ihm nichts aus, wenn andere seine Lieder abdruckten, schrieb Wesley, vorausgesetzt, sie druckten sie so, wie sie geschrieben worden seien, und versuchten nicht, sie zu verbessern.

Als Melodie verwendete Wesley die feierlich getragene eines von ihm geschriebenen Osterliedes. Die heutzutage gesungene, eher flotte Musik hätte ihn wohl ähnlich aufgebracht wie Einmischungen in seine Textgestaltung. Gut hundert Jahre nachdem Wesley  das Lied geschrieben hatte, im Jahr 1840, komponierte Felix Mendelssohn Bartholdy den *Festgesang zum Gutenbergfest*, zum 400-jährigen Jubiläum von Gutenbergs Druckpresse. 1855 griff der englische Musiker William Cummings die Hauptmelodie des zweiten Teils des *Festgesangs* (»Vaterland, in deinen Gauen«) auf und passte sie an »*Hark! The Herald Angels Sing*« an. So entstand eines der schönsten und beliebtesten Weihnachtslieder – eine Mischung aus englischem Text und deutscher Musik.

Der Gottesdienst des King's College wird seit 1928 jährlich (ausgenommen 1930) von der BBC übertragen und hat sich zu einem innig geliebten Teil des britischen *Christmas Eve* entwickelt.

Um am *Festival of Nine Lessons and Carols* teilzunehmen, muss man sich als normaler Bürger bereits früh am Morgen des 24. Dezember in eine Warteschlange vor der Kirche einreihen. Die Teilnahme an der ebenso populären Mitternachtsmesse erfordert hingegen keine derartigen Mühen.

Christmette

Es herrscht gemeinhin Einigkeit darüber, dass Jesus in der Nacht geboren wurde, denn im Lukasevangelium heißt es, die Hirten hätten bei Nacht ihre Herde auf dem Feld bewacht, als sie der Engel über die Geburt informiert habe. Daher wird die Messe zur Feier der Geburt Jesu um Mitternacht oder kurz davor einschließlich einer Vigil bei Kerzenlicht als Symbol der Ankunft des »Lichts der Welt« zelebriert.

Eine der ersten Beschreibungen einer christlichen Mitternachtsmesse stammt wohl von einer Pilgerin aus Nordspanien oder Gallien namens Egeria, die vermutlich von 381 bis 384 n. Chr. eine Reise durch das Heilige Land unternahm und darüber einen Bericht verfasste, der in Teilen bis heute erhalten ist. Darin schildert sie unter anderem die mitternächtliche Vigilfeier an Heiligabend, die sie in Jerusalem miterlebt hatte.

Mitternachtsmessen werden von Katholiken wie von Protestanten abgehalten; die evangelische Kirche nennt sie »Christnacht«. Östliche Kirchen halten eher eine Vigil, also eine nächtliche Andacht ab.

Gebräuche und Traditionen rund um Heiligabend unterscheiden sich weltweit. In Deutschland, Österreich und der Schweiz wie auch in Ungarn und den nordischen Ländern findet traditionell die Weihnachtsfeier mit Festessen und Bescherung statt. In den meisten anderen Ländern werden die Geschenke erst am ersten Weihnachtsfeiertag verteilt. In einigen osteuropäischen Ländern wie Litauen und Polen veranstaltet man am Heiligen Abend das große Weihnachtsessen. Und weil der 24. Dezember der letzte Tag des Adventfastens ist, besteht der Hauptgang aus Fisch, denn Fleisch ist verboten.

Der Heilige Abend gilt als magische Nacht, um die sich viele noch aus heidnischer Zeit herrührende abergläubische Vorstellungen ranken. Immerhin ist dies die längste und dunkelste Nacht des Jahres. Tiere können sprechen. Wasser verwandelt sich in Wein. Verlorene Schätze tauchen wieder auf. Manche glauben, die Toten kämen, um ihr irdisches Zuhause zu besuchen. Durch die Nacht ziehen gespenstische Gestalten.

Eine hochwillkommene Gestalt des Heiligen Abends ist natürlich der Weihnachtsmann – oder Santa Claus. Aber wer ist das eigentlich?

Kapitel 10

Der Weihnachtsmann

»Symbolfigur des weihnachtl. Schenkens,
ein weißbärtiger Mann in pelzbesetztem rotem
Mantel und Pelzmütze, mit einem Gabensack.«
Brockhaus Enzyklopädie

Der Weihnachtsmann, wie wir ihn heute kennen, ist
eine Mischung aus verschiedenen Figuren, realen und
imaginären. Vor allem drei Gestalten haben schon
früh zum heutigen Weihnachtsmann-Bild beigetragen: der heilige Nikolaus, Knecht Ruprecht und das
Christkind. Die entscheidende Rolle kommt dabei
den Legenden zu, die sich um den heiligen Nikolaus
ranken, der im 4. Jahrhundert Bischof von Myra in der
heutigen Türkei war.

Nikolaus von Myra

Nikolaus kam um 270 n. Chr. als Sohn wohlhabender Eltern in Patara, einer Hafenstadt am Mittelmeer bei Myra in der heutigen Türkei, zur Welt. Seine Eltern verstarben früh und hinterließen ihm ein ansehnliches Erbe. Als frommer Christ verteilte Nikolaus einen Großteil davon an Arme und Bedürftige.

Es gibt zahlreiche Geschichten über die Großzügigkeit des historischen Nikolaus. Die berühmteste handelt von einem seiner Nachbarn in Myra, einem armen Mann mit drei Töchtern. Damals war es üblich (in manchen Gesellschaften ist es das heute noch), dass ein Mädchen bei der Hochzeit eine Mitgift in die Ehe einbrachte. Dem armen Nachbarn aber fehlte das Geld, um die Mitgift auch nur einer seiner Töchter zu bezahlen. Ihnen drohte das Schicksal, als Sklavinnen oder Prostituierte zu enden. Nikolaus beschloss, den Mädchen zu helfen, und wartete bis zum Einbruch der Nacht, warf dann einen Beutel mit Goldmünzen für die älteste Tochter durch das offene Fenster ins Haus des Nachbarn und eilte davon. Kurz darauf verfuhr er mit dem Beutel Goldmünzen für die zweite Tochter auf dieselbe Weise. Nun wollte der Vater herausfinden, wer ihnen das Geld gab, um dem Wohltäter zu danken; er legte sich neben dem Fenster auf die Lauer und entdeckte so den barmherzigen Nikolaus.

Weil Nikolaus Menschen in Geldnot half, wurde er später zum Schutzpatron der Pfandleiher. Die drei goldenen Kugeln, die in England an vielen Leihhäusern hängen, symbolisieren die drei Beutel mit Gold, die Nikolaus den Töchtern seines Nachbarn für ihre Mitgift schenkte.

Dank dieser und ähnlicher Geschichten wurde Nikolaus als Überbringer von Geschenken bekannt und später als Heiliger auch zum Schutzpatron der Kinder. Unzählige Legenden ranken sich um ihn, und viele Wunder werden ihm zugeschrieben. Er wurde schon früh in ganz Europa verehrt, etwa von den Normannen, die den Nikolauskult 1066 mit nach Britannien brachten. Nikolaus, der laut Berichten drei Seeleute während eines starken Sturms aus Seenot gerettet hatte, wurde auch zum Schutzpatron der Seeleute. Wilhelm der Eroberer soll vor dem Aufbruch nach England zu ihm um eine sichere Überfahrt über den Kanal gebetet haben. Die Normannen verbreiteten die Nikolaus-Verehrung überall im Land, und so gibt es heute allein in England mehr als 400 dem heiligen Nikolaus geweihte Kirchen.

Nikolaus soll im (oder um das) Jahr 343 gestorben sein, und zwar am 6. Dezember, weshalb der Tag zu seinem Festtag erklärt wurde, den

man in Europa seit dem Mittelalter vielerorts feiert. Am Abend davor (5. Dezember) stellen Kinder Schuhe oder Behälter vor die Tür in der Hoffnung, sie am Morgen mit kleinen Geschenken und Süßigkeiten gefüllt vorzufinden, die der Nikolaus über Nacht gebracht hat.

Im 16. Jahrhundert jedoch versuchte Martin Luther, ein entschiedener Gegner der Heiligenverehrung, dafür zu sorgen, dass der Nikolaus als Gabenüberbringer abgelöst wurde: Um die Aufmerksamkeit der Menschen wieder mehr auf Jesus zu richten, übertrug Luther um das Jahr 1535 dem »Heiligen Christ« die Aufgabe des Geschenkeverteilens. Und er entschied zudem, dass die Kinder von nun an zum Weihnachtsfest beschenkt werden sollten. Mit der Zeit wurde aus dem »Heiligen Christ« das engelsähnliche »Christkind«; interessanterweise wird die ursprünglich protestantische Christkind-Tradition heutzutage eher von katholischen Familien gepflegt.

Zwar hatte sich das Christkind als ›Hauptgabenbringer‹ gegen den Nikolaus durchsetzen können, doch im 19. Jahrhundert tritt schließlich eine Konkurrenz auf den Plan, die die anderen Figuren gewissermaßen in sich vereint und somit in den Schatten stellt: der Weihnachtsmann. Vielerorts bringt er ein pädagogisches Moment mit, das bereits in der Nikolaus-Tradition vorkam: Die artigen Kinder werden beschenkt, den unartigen droht eine Rute – wie sie auch Knecht Ruprecht, der Begleiter des heiligen Nikolaus, bei sich hatte. Die vorrangige Aufgabe des Weihnachtsmannes ist aber natürlich das Verteilen von Geschenken, womit er in die Fußstapfen vom Nikolaus und Christkind tritt.

In Deutschland findet sich die erste Erwähnung der neuen weihnachtlichen Figur und seiner schenkenden Funktion im Lied »Der Weihnachtsmann« des Dichters Hoffmann von Fallersleben von 1835: »Morgen kommt der Weihnachtsmann, kommt mit seinen Gaben ...«

Bis zum konkreten Bild des Weihnachtsmannes, wie wir es heute vor Augen haben, war es jedoch noch ein weiter Weg. Vor allem amerikanische Einflüsse spielten dabei eine erhebliche Rolle, die wiederum aus englischen und niederländischen Traditionen um »Father Christmas« und »Sinterklaas« hervorgingen.

Father Christmas

Der britische Father Christmas hat sich im Laufe vieler Jahrhunderte entwickelt. Im heidnischen prähistorischen Britannien gab es als gemeinsames Element der vielen verschiedenen Winterfeste eine grün gekleidete, mit immergrünen Pflanzen wie Stechpalme, Efeu und Mistel geschmückte Figur als Ausdruck der Hoffnung und des kommenden Frühlings. Obwohl wir nur wenig über diese Figur wissen, ist die Idee eines »Grünen Mannes«, der den Geist von Wiedergeburt und Fruchtbarkeit verkörpert, in der Folklore allgegenwärtig. Seltsamerweise ist der »Grüne Mann«, eine heidnische Gestalt, in Form von Skulpturen und Reliefs in vielen Kirchen zu finden, dargestellt als Gesicht, aus dem Blätter, Weinreben und Blumen wachsen.

Die entsprechende Figur im römischen Britannien war Saturn, der Gott des Ackerbaus, den man mit den Saturnalien im Mittwinter feierte.

Als sich die Angelsachsen im 5. und 6. Jahrhundert in England ansiedelten, führten sie dort ihre eigenen Personifizierungen verschiedener Naturelemente mit Charakteren wie *Father Time*, *King Frost* oder *King Winter* ein. Im Dezember, in der Mitte des Winters, wählte man jemanden aus der Gemeinschaft aus, der den Part des *King Winter* spielte. Gekleidet in ein grünes Gewand, das mit weißem Fell als Symbol für Eis und Schnee eingefasst war, wurde er in den Häusern der Menschen willkommen geheißen. Man bat ihn, am Feuer Platz zu nehmen, und überhäufte ihn mit Speis und Trank in der Hoffnung, die Gastfreundschaft würde mit einem milden Winter belohnt. Vielleicht stellen deshalb heute manche einen *Mince Pie* und ein Gläschen Whisky oder Sherry an Heiligabend für Father Christmas bereit. Bei all diesen Leckereien ist es kein Wunder, dass Father Christmas etwas rundlich geworden ist.

Im 9. Jahrhundert kamen dann die Wikinger, die Odin mitbrachten, eine vielgestaltige nordische Gottheit. Sie glaubten, dass Odin Ende Dezember für zwölf Tage die Erde in Gestalt von Jul, einer seiner vielen Erscheinungsformen, besuche. Während der »Julzeit« reiste er, ein fülliger, älticher Typ mit weißem Bart, bekleidet mit einem langen blauen Kapuzenumhang, auf einem achtbeinigen Pferd namens Sleipnir um die Welt und verteilte aus seinem Sack Geschenke an jene, die artig gewesen waren; die Ungehorsamen erwartete eine Bestrafung. Die Ähnlichkeiten mit Father Christmas sind eindeutig: plump, weißer Bart, Kapuzenumhang, ein Sack voller Geschenke, das Beschenken der Guten und das Bestrafen der Bösen, das Reisen rund um den Globus in kürzester Zeit. Gut – Jul hatte ein achtbeiniges Pferd und keine acht Rentiere, aber eine Parallele ist auch hier erkennbar.

Mit Beginn des 11. Jahrhunderts hatte sich die Idee einer fröhlichen Weihnachtsfigur bestens in England etabliert. Die zweite Phase in der Entwicklung des modernen Father Christmas begann mit der normannischen Eroberung 1066. Das mittelalterliche England hatte nun also zwei Persönlichkeiten für die Weihnachtszeit zur Verfügung: Während Sankt Nikolaus eher als religiöse Person und als Überbringer von Geschenken gesehen wurde, verband man die englische Weihnachtsfigur eher mit Trinken und Spaß – und so scheint die erste bekannte Personifizierung von Weihnachten in England eine Mischung aus beiden gewesen zu sein.

Man findet sie in einem *Carol*, das ein Rektor aus Devon namens Richard Smart Mitte des 15. Jahrhunderts schrieb.

Nowell, Nowell, Nowell, Nowell
Who ys ther syngeth so?
I am here, syre Christemas,
Welcome, my lord syre Christemas.

»Sir Christmas« singt (»*syngeth*«) von der Weihnacht, »*Nowell*« (*Noël*), und verkündet dann die frohe Botschaft: die Geburt Christi. Und er schließt mit dem ermunternden Aufruf, alle sollten ordentlich trinken, jubeln und fröhlich sein:

Drink you all right heartily
Make good cheer and be right merry.

Die Tudors hatten kein Problem damit, zu trinken und Spaß zu haben. Tatsächlich hielten die frühen Tudors mit Vergnügen an einem anarchischen Brauch aus dem englischen Mittelalter fest, bei dem ein niederrangiger Bediensteter des Haushalts zum *Lord of Misrule*, zum »Narrenherrn« ernannt wurde, der sich um die Weihnachtsfeierlichkeiten kümmern und für Trunkenheit und Ausschweifung sorgen musste. In Schottland nannte man ihn *Abbot of Unreason* (»Abt der Unvernunft«).

Und so beschreibt der Historiker John Stow den »Narrenherrn« in seiner 1603 veröffentlichten Studie *Survey of London*:

»Zum Feste Weihnachten gab es in den Häusern des Königs, wo immer er gerade wohnte, einen *Lord of Misrule* oder Meister der fröhlichen Kurzweil, und das Gleiche sah man im Haus eines jeden noblen Herrn, war er nun kirchlich oder weltlich.«

Die mittelalterliche Kirche kannte ihre eigene Version des *Lord of Misrule* – in Großbritannien hieß sie *Boy Bishop*, in Deutschland »Kinderbischof«. Während Letzterer nur für einen Tag im Amt blieb, wurde in Großbritannien ein Chorknabe am Nikolaustag zum *Boy Bishop* gewählt und übte die Funktion des Bischofs bis zum 28. Dezember, dem »Fest der unschuldigen Kinder«, aus. In dieser Zeit trug der »Kinderbischof« einen entsprechenden Ornat, saß auf dem Bischofsthron und vollzog alle Zeremonien, ausgenommen die heilige Messe.

Dann verbreitete sich die Reformation in Europa, und Anfang des 17. Jahrhunderts kündigte sich in Großbritannien der Puritanismus an. Man begann, die Exzesse zu Weihnachten anzuprangern. Von Nikolaus, dem katholischen Heiligen, trennte man sich ohne große Klagen, und auch den *Lord of Misrule* gab man auf, doch die englische Weihnachtsfigur wurde unter anderem von James I. verteidigt, der kein Problem darin sah, dass Protestanten an den traditionellen Weihnachtsfeierlichkeiten festhielten. Der Autor Ben Johnson schrieb 1616 ein Maskenspiel für den königlichen Hof von James I. mit dem Titel *Christmas, his Masque*, in dem die Figur mit Namen »Christmas« (die sich auch »Captaine Christmas« nennt) gegen ihre Abschaffung durch die Puritaner protestiert.

»Why, Gentlemen, doe you know what you doe? ha! would you ha' kept me out? Christmas, old Christmas? Christmas of London, and Captaine Christmas?«

Die Puritaner missbilligten nicht nur die durch Weihnachten verursachte Völlerei und den Müßiggang, sondern fühlten sich bereits durch den Namen *Christmas* beleidigt, der einen eindeutigen Bezug zur katholischen Messe darstellte. Als Oliver Cromwell um 1645 an die Macht kam, war Weihnachten passé – und damit auch Father Christmas. Der Bann über Weihnachten war jedoch sehr unpopulär, und verschiedene royalistische Autoren bemühten sich tapfer, die Idee von Weihnachten am Leben zu erhalten.

Cromwell starb 1658, und genau in jenem Jahr findet sich der erste schriftliche Hinweis auf den englischen Weihnachtsmann in dem Titel des Büchleins *The Examination and Tryall of Old Father Christmas* von Josiah King. Darin steht ein weißhaariger alter Father Christmas, angeklagt vom Gemeinwesen, vor Gericht:

»… Ihr werdet hier unter dem Namen Christmas, gebürtig aus der Stadt des Aberglaubens im Land der Götzenverehrung, angeklagt, weil Ihr von Zeit zu Zeit die Menschen dieser Gemeinschaft missbraucht habt, sie verleitet habt zu Trunkenheit, Völlerei und ungesetzlichem Glücksspiel, zu Schamlosigkeit, Unreinheit, Lüsternheit, Fluchen, weil Ihr die Geschöpfe verführt habt zu dem einen oder anderen Laster und alle zur Faulheit …«

Father Christmas wird jedoch letztlich in allen Anklagepunkten freigesprochen, und mit der Restauration unter Charles II. in der zweiten Hälfte des 17. Jahrhunderts war er dann in England wieder herzlich willkommen. Die früheren Exzesse der Weihnachtsfeiern waren allerdings Geschichte. Obwohl der Königshof nach der Restauration erneut für seine Sittenlosigkeit berüchtigt war, wurde Weihnachten in einem nun überwiegend protestantischen Land eher leise gefeiert – Father Christmas hatte irgendwie seinen Schwung verloren.

Mummers' Plays

Der Geist der wilden Weihnacht wurde in den *Mummers' Plays* – Mummenschanz-Aufführungen – am Leben erhalten. Diese Stücke, ebenso wie Pantomime-Nummern, wurden zur Weihnachtszeit in Gast- oder Privathäusern dargeboten. Eine Truppe von Männern aus dem Ort zog von Haus zu Haus oder von Pub zu Pub und führte ein Schauspiel auf, um Geld zu sammeln.

Die Stücke hatten ihren Ursprung in heidnischen Winterzeremonien mit Akteuren, die den Triumph des Frühlings über den langen, dunklen Winter darstellten. Meist wurden Volkssagen dargestellt, in denen es um den Kampf zwischen Gut und Böse ging, um Totschlag und Wiederbelebung. Mit ihren derben Charakteren – wie Narren mit Schellenkappen und Männer in Frauenkleidern – wurden die *Mummers' Plays* im 18. Jahrhundert sehr populär. Häufig wurden sie von einer subversiven *Christmas*-Figur präsentiert, die sich mit drohendem Unterton an die Partymuffel wandte: »Hier komme ich, der alte Father Christmas, ob nun willkommen oder nicht, ich hoffe, dass Weihnachten niemals vergessen sein wird.«

Letztlich waren es die Viktorianer, die in ihrem Bemühen, den alten Weihnachtsgeist der Vergangenheit zurückzubringen, Father Christmas vor der Trübsal retteten und ihn wieder ins Zentrum der Weihnachtsfeierlichkeiten rückten. Aus Elementen der vorhergehenden Figuren schufen sie einen fröhlich kichernden Herrn mit Rauschebart und einem langen Kapuzenmantel, der grün, rot oder blau sein konnte. Höhepunkt der Father-Christmas-Entwicklung im 19. Jahrhundert war der »Geist der Weihnachtsnacht«, den Charles Dickens in seiner 1843 veröffentlichten Erzählung *A Christmas Carol* beschrieb:

»Ich bin der Geist der diesjährigen Weihnachtsnacht«, sagte die Gestalt. »Sieh mich an.«
Scrooge tat es mit ehrfurchtsvollem Blick. Der
Geist war gekleidet in ein einfaches, dunkel-
grünes Gewand, mit weißem Pelz verbrämt.
Die breite Brust war entblößt, als verschmähe
sie, sich zu verstecken. Auch die Füße waren
bloß und schauten unter den weiten Falten des
Gewandes hervor; und das Haupt hatte keine
andere Bedeckung als einen Stechpalmenkranz,
in dem hie und da Eiszapfen glänzten. Seine
dunkelbraunen Locken wallten fessellos auf die
Schultern. Sein munteres Gesicht, sein glänzen-
des Auge, seine fröhliche Stimme, sein unge-
zwungenes Benehmen, alles sprach von Offen-
heit und heiterem Sinn.«

Der Father Christmas, den die Briten kennen und lieben, nahm also
Gestalt an. Doch er hatte einen Konkurrenten.

Kapitel 11

Santa Claus

Jenseits des Atlantiks, in New York, machte sich derweil eine neue Weihnachtsfigur bereit. Um deren Ursprung zu finden, müssen wir ins Jahr 1624 zurückgehen.

Damals richteten die Niederländer an der Südspitze der Insel Manhattan einen Handelsposten ein und nannten ihn *Nieuw Amsterdam* – »Neu-Amsterdam«. Und sie brachten Sankt Nikolaus mit, ihren Sint Nikolaas oder Sinterklaas, den Schutzpatron von Alt-Amsterdam. Doch unmittelbar nach seiner Ankunft musste Sinterklaas in den Untergrund abtauchen, denn die offizielle Kirche von Neu-Amsterdam war die protestantische niederländisch-reformierte Kirche, die nichts von katholischen Heiligen hielt. Wer Sankt Nikolaus feiern wollte, musste das folglich diskret und im Privaten tun.

Als die Briten dann 1664 die Macht übernahmen und aus Neu-Amsterdam New York wurde, entspannte sich die Haltung der Obrigkeit in Bezug auf Weihnachten. Diese englischen Siedler kamen aus dem England von Charles II. und nicht aus dem des Puritaners Oliver Cromwell. Dementsprechend feierten sie Weihnachten in traditioneller Weise mit dem fröhlichen englischen, nicht religiös geprägten Father Christmas als Herzstück. Befreit vom Gängelband des Mutterlandes, schlugen die New Yorker allerdings über die Stränge, und Mitte des 18. Jahrhunderts war Weihnachten zu einer Zeit der Trunkenheit und des liederlichen Verhaltens geworden.

Die New Yorker Oberschicht, sprich: die Niederländer, beschloss schließlich, dass etwas getan werden müsse, um Weihnachten von den Auswüchsen zu befreien und das schlechte Benehmen in den Straßen zu beenden. Sie wollten ein Weihnachten mit dem Fokus auf Heim und Familie. Der alte heidnische Father Christmas, inzwischen ziemlich kosmopolitisch geworden, musste ausgenüchtert und resozialisiert werden. Und so wandten sie sich Sankt Nikolaus zu.

Mit der Zeit kamen immer mehr Immigranten aus Europa und brachten ihre jeweils eigenen Versionen des Nikolaus mit, wie den Samichlaus der Deutschschweizer. Im ausgehenden 18. Jahrhundert vermischte sich der fröhliche englische Father Christmas allmählich mit dem niederländisch-amerikanischen Sinterklaas. Es bedarf keiner großen Vorstellungskraft, um nachzuvollziehen, dass im englischsprachigen New York »Sinterklaas« und »Samichlaus« nach und nach zu »Santa Claus« anglisiert wurden.

In der Presse tauchte Santa Claus erstmals 1773 in der an der Wall Street gedruckten *New York Gazette* auf. Der Eigentümer James Rivington, ein in England geborener Journalist, schrieb:»Weihnachten wird hier mit den üblichen niederländischen Feierlichkeiten begangen, einschließlich dem Auftritt von St. A. Claus.« Etwas später im gleichen Jahr hieß es in der *Gazette*:»Vergangenen Montag wurde der Geburtstag von Sankt Nikolaus, auch Santa Claus genannt, in der *Protestant Hall* von Mr. Waldron's gefeiert, wo eine große Zahl der Söhne des Heiligen den Tag fröhlich und festlich beging.« Und im Jahr darauf:»Am nächsten Montag, dem Geburtstag von Sankt Nikolaus, wird dieser von den Nachfahren der alten niederländischen Familien gefeiert.«

John Pintard Jr.

Sankt Nikolaus war bereit, erneut ins Licht der Öffentlichkeit zu rücken. Und John Pintard Jr., ein New Yorker Kaufmann hugenottischer Abstammung, der fasziniert war von der Geschichte New Yorks und besonders von seinen niederländischen Wurzeln, nahm sich der Sache an. Pintard hatte bereits dafür gesorgt, dass der Geburtstag von George Washington am 4. Juli (Unabhängigkeitstag) und der *Columbus Day* am 12. Oktober zu nationalen Feiertagen erhoben wurden; jetzt wollte er Sankt Nikolaus zum Schutzpatron von New York erklären lassen. Damit scheiterte er zwar, doch er machte Sankt Nikolaus zum Schutzpatron seines neuen Projekts, der 1804 gegründeten New-York Historical Society. Ziel der Gesellschaft war die Wiederbelebung des Interesses an den aristokratischen Wurzeln New Yorks. Die unreifen Stadtbewohner sollten an eine liebenswürdigere Zeit erinnert werden, als das schnelllebige, geldgierige New York noch ein anständiger und kultivierter Ort namens Neu-Amsterdam gewesen war, und daran, dass man, um ein echter New Yorker zu sein, eigentlich ein Neu-Amsterdamer sein musste. Der Toast bei einem Dinner der New-York Historical Society 1809 lautete:»Auf die Erinnerung an Sankt Nikolaus. Mögen die tugendhaften Gewohnheiten und einfachen Umgangsformen unserer niederländischen Vorfahren nicht im Luxus und Raffinement der heutigen Zeit verloren gehen.«

> »Ohne Washington Irving
> gäbe es keinen Santa Claus.«

Charles W. Jones

Washington Irving

Bei jenem Dinner 1809 wurde Washington Irving, ein junger Autor, für die Mitgliedschaft in der Society nominiert. Irving (geboren 1783 – im Jahr der Beendigung des Amerikanischen Unabhängigkeitskrieges, weshalb er nach George Washington, dem Helden des Krieges, benannt wurde) besaß einen scharfzüngigen Humor und genoss es, die etwas spießigen Mitglieder der Society und deren romantisierende Sicht der niederländischen Geschichte New Yorks aufs Korn zu nehmen.

Zu diesem Zweck gaben Irving, sein Bruder William und sein Freund James Kirke Paulding ein satirisches Magazin namens *Salmagundi* heraus, das sich über Politik und Kultur in New York lustig machte. Beispielsweise nannte Irving die Stadt New York darin »Gotham« – nach einer alten Legende über die bauernschlauen Einwohner eines englischen Dorfes namens Gotham, die (ähnlich wie die Schildbürger) Verrücktheit vortäuschten, um königliche Anordnungen zu umgehen. Gotham City wurde später dann die Heimatstadt des Superhelden Batman.

Am Nikolaustag 1809 veröffentlichte Washington Irving unter dem Pseudonym Diedrich Knickerbocker eine Satire mit dem Titel *History of New-York from the Beginning of the World to the End of the Dutch Dynasty* (dt.: *Humoristische Geschichte der Stadt New-York ...*, 1829), in der er sich über die blasierten alten New Yorker Familien und deren Stolz auf ihr niederländisches Erbe lustig machte, ihre Verehrung von Sankt Nikolaus eingeschlossen.

In seiner *History* verweist Irving rund 25-mal auf Sankt Nikolaus. Er behauptet, Nikolaus sei zum »Schutzpatron dieser alten Stadt«, also von New York erklärt worden, und erzählt, dass der Heilige als Galionsfigur der *Goede Vrouw* fungiert habe, des ersten Einwandererschiffs, das Neu-Amsterdam erreichte, dass die erste innerhalb der Mauern der Kolonie erbaute Kirche ihm geweiht worden sei und dass der Nikolaustag dort traditionell begangen werde.

»In jener frühen Zeit wurde diese fromme Zeremonie eingeführt, die noch immer in all unseren alten Familien der rechten Abstammung andächtig befolgt wird: das Aufhängen eines Strumpfs am Kamin am Nikolausabend. Und diesen Strumpf findet man am nächsten Morgen auf wundersame Weise gefüllt vor, denn der gute Sankt Nikolaus war schon immer ein großzügiger Überbringer von Geschenken, besonders für Kinder.«

Er stattete Sankt Nikolaus mit einigen Charakteristika aus, die wir bis heute mit Santa Claus verbinden, etwa mit der Fähigkeit, sich fliegend fortzubewegen, sowie der Angewohnheit, Gaben zu verteilen.

»In den ländlichen Zeiten von Neu-Amsterdam stieg der gute Sankt Nikolaus, fröhlich über die Baumwipfel und die Dächer seiner geliebten Stadt fliegend, an einem Sonntagnachmittag herab, zog hier und dort prächtige Geschenke aus den Taschen seiner Pumphosen und ließ sie in die Kamine seiner Lieblinge hinabfallen.«

Erstaunlicherweise nahm die Oberschicht von New York Irvings satirische *History* sehr ernst. Sein Pseudonym »Knickerbocker« wurde zum Synonym für die niederländisch-amerikanische Aristokratie New Yorks und die knielangen Hosen, die sie trugen. Das 1840 gegründete New Yorker Baseballteam bekam den Namen »New York Knickerbockers« oder kurz »Knicks«. Es wurden pathetische Geschichten von New York geschrieben, die Stellen aus Irvings Text als Tatsachen zitierten, obwohl schon eine kurze Recherche gezeigt hätte, dass Sankt Nikolaus nicht mit dem ersten Einwandererschiff nach Neu-Amsterdam gekommen und dass die erste Kirche Neu-Amsterdams auch nicht dem heiligen Nikolaus geweiht worden war. Das zeigt nur, dass man immer gern das glaubt, was man glauben möchte.

John Pintard Jr. wollte nur zu gerne an Sankt Nikolaus glauben und nicht zulassen, dass der Heilige und seine Bedeutung für New York lächerlich gemacht wurden. Für das Festessen der New-York Historical Society anlässlich des Nikolaustages am 6. Dezember 1810 bat Pintard seinen Freund Dr. Alexander Anderson, bekannt für seine Holzstich-Kunstwerke, eine Abbildung von Sankt Nikolaus anzufertigen. Entstanden ist eine Seite mit zwei Bildern und einem Gedicht: Das erste Bild zeigt den bärtigen Heiligen im Bischofsgewand. Im Bild daneben hängen Strümpfe an einem Kamin; der linke Strumpf ist voller Geschenke für das brave, auf dem Kaminsims darüber stehende Mädchen, im rechten steckt ein Bündel Birkenreiser für den weinenden unartigen Jungen. Unter den Abbildungen ist ein Gedicht in Niederländisch und Englisch abgedruckt, das Pintard angeblich einer 87 Jahre alten Niederländerin zu verdanken hatte. Es beginnt mit den Worten »*Sancte Claus, goed heylig Man!*«; auf Deutsch lauten die ersten Verse:

Sankt Nikolaus, guter heiliger Mann!
Zieh' deinen besten Mantel an,
reis' damit nach Amsterdam,
von Amsterdam nach Spanien,
wo Äpfel leuchten wie Oranien …

Wird wohl deshalb häufig eine Orange oder Mandarine in den Strumpf gesteckt? Oder war dies ein Tribut an das niederländische Königshaus von Oranien?

Langsam kristallisiert sich das Bild von Santa Claus heraus. Der nächste Entwicklungsschritt folgte 1821, als der New Yorker Verleger William B. Gilley *The Children's Friend* herausgab, das erste amerikanische Buch in Lithografiedruck. Obwohl es den Untertitel *A New-Year's Present, to the Little Ones from Five to Twelve* (»Ein Neujahrspräsent für die Kleinen im Alter von fünf bis zwölf«) trägt, verweist ein Gedicht darin, »*Old Santeclaus with Much Delight*«, darauf, dass Santa Claus an Heiligabend und nicht an Silvester kommt, wie es in einigen Ländern der Fall war. Im Text und auf den Bildern wird Santa in einem von einem Rentier gezogenen Schlitten präsentiert.

Old Santeclaus vor lauter Freude lacht,
Sein Rentier fliegt durch die frostige Nacht,
Über die Dächer, sie sind ganz verschneit,
Bringt er dir Geschenke – es ist so weit!
Als steter Freund jener, die artig sind,
Lobt er das fromme, wahrhaftige Kind.
Alljährlich zur Weihnacht kommt Santeclaus
In jedes liebe- und friedvolle Haus.
So zahlreich die Häuser, durch die er zieht,
Zahlreiche Betten und Strümpfe er sieht …

Da man weder den Dichter noch den Illustrator kennt, weiß man auch nicht, woher die Idee für einen von einem Rentier gezogenen Schlitten stammt, doch von nun an gehört dieses Element zu Santa Claus.

Es wurde bereits erwähnt, dass der nordische Gott Odin die Ausprägung von Father Christmas beeinflusst hat. Könnte es sein, dass der nordische Gott Thor, der in einem von zwei Ziegenböcken (genannt »Zähneknirscher« und »Zähneblecker«) gezogenen Wagen am Himmel entlangfährt, die Vorlage für einen von Rentieren gezogenen Schlitten lieferte? Mit ihrem Geweih sind Rentiere den gehörnten Ziegen recht ähnlich.

Vermutlich werden wir das nie erfahren. Dem anonymen Autor und seinem Illustrator verdanken wir jedenfalls ein hübsches Bild, das zum festen Bestandteil des amerikanischen Weihnachtsfestes geworden ist.

»Twas the Night Before Christmas«

Nun kommen wir zu einem der bekanntesten Gedichte in englischer Sprache – einem Gedicht, das vermutlich mehr als alle anderen Werke zu dem Bild von Santa Claus, das wir heute kennen, beigetragen hat.

Der eigentliche Titel des Gedichts lautet »*A Visit from St Nicholas*«, doch allgemein bekannt ist es unter seiner ersten Zeile »*Twas the night before Christmas*«. Es wurde 1823 zunächst anonym im *Troy Sentinel* im Hinterland von New York veröffentlicht. Später wurde es dann Clement Clarke Moore zugeschrieben, einem Sohn des Episkopalbischofs von New York und Mitglied der New-York Historical Society, von der wir bereits gehört haben, da sie gewissermaßen als ›Geburtsstätte‹ des amerikanischen Santa Claus gelten kann.

Zusammen mit seinem Freund John Pintard Jr., dem Gründer der New-York Historical Society, baute Clement Clarke Moore das General Theological Seminary, eine kirchliche Schule, auf. Moore ernannte sich selbst zum Professor für orientalische und griechische Literatur, Theologie und Bibelstudium. Er war zudem Violinist, Organist, Architekt und Dichter und erstellte das erste Griechisch- und Hebräischlexikon Amerikas.

Ich erzähle all das, um zu zeigen, dass Clement Clarke Moore nicht nur ein Mitglied der New Yorker Elite, sondern ein Mann mit ernsthaftem akademischem und intellektuellem Anspruch war. Und wofür ist er vor allem bekannt? Für Santa Claus!

Angeblich schrieb Moore »*Twas the Night Before Christmas*« einzig für seine Kinder, ohne dabei an eine Veröffentlichung zu denken. Ein Freund der Familie, der sich eine Kopie des Gedichts erbeten hatte, um es seinen eigenen Kindern vorzulesen, schickte es wohl anonym an den *Troy Sentinel*, woraufhin es sofort von Kindern in ganz Amerika begeistert aufgenommen wurde. Moore, der lieber für seine schulische Tätigkeit bekannt werden wollte, leugnete die Urheberschaft bis 1837. Ein paar Jahre später veröffentlichte er es dann auf Bitten seiner Kinder als Teil einer Sammlung seiner Gedichte.

Clement Clarke Moore gab an, einen Großteil seiner Inspiration für seinen Sankt Nikolaus aus Gesprächen mit seinem dänischen Gärtner und einer Schlittenfahrt an einem Schneetag nach New York gewonnen zu haben. Und als Mitglied der New-York Historical Society hatte er natürlich am Festessen zum Nikolaustag 1810 teilgenommen, wo er zweifellos einige Ideen von John Pintard Jr. und Washington Irving aufgeschnappt hatte. Wahrscheinlich hatte er auch *The Children's Friend* gelesen.

Schauen wir uns das Gedicht – in einer Übersetzung von Erich Kästner aus dem Jahr 1947 mit dem Titel »Als der Nikolaus kam« – kurz an, um eine Idee von Clement Clarke Moores Nikolaus-Figur zu bekommen.

In der Nacht vor dem Christfest,
da regte im Haus

sich niemand und nichts,
nicht mal eine Maus.

Die Strümpfe, die hingen
paarweis am Kamin

und warteten drauf, daß
Sankt Niklas erschien.

Die Geschichte spielt an Heiligabend, nicht am Nikolaus- oder Silvesterabend. Diese Idee fand sich erstmals im 1821 veröffentlichten Buch *The Children's Friend*. Die Strümpfe werden am Kamin aufgehängt – ein Brauch, den bereits Washington Irving in seiner *History of New-York* erwähnt und den auch Dr. Alexander Andersons Holzstich des Sankt Nikolaus für das Dinner 1810 der New-York Historical Society abbildet.

Acht winzige Renntierchen kamen gerannt,
vor einen ganz, ganz kleinen Schlitten gespannt!

Die Schlittenfahrt nach New York, die Moore angeblich inspiriert hat, könnte eine Erklärung für den beschriebenen Schlitten sein. Und ein von einem Rentier gezogener Schlitten tauchte auch in *The Children's Friend* auf. Lieferte vielleicht das achtbeinige Pferd Sleipnir des nordischen Gottes Odin die Idee für acht Rentiere?

Sehen wir uns nun die Beschreibung von Sankt Nikolaus durch
Clement Clarke Moore an.

… da plumpste der Nikolaus in den Kamin!
Sein Rock war aus Pelzwerk, vom Kopf bis zum Fuß.
Jetzt klebte er freilich voll Asche und Ruß.
Sein Bündel trug Nikolaus huckepack,
so wie die Hausierer bei uns ihren Sack.
Zwei Grübchen, wie lustig! Wie blitzte sein Blick!
Die Bäckchen zartrosa, die Nas' rot und dick!
Der Bart war schneeweiß, und der drollige Mund
sah aus wie gemalt, so klein und halbrund …
Ich lachte hell, wie er so vor mir stand,
Ein rundlicher Zwerg aus dem Elfenland.

Sankt Nikolaus ist nicht länger ein ernster Bischof, sondern eine lustige Figur mit einem weißen Bart, rosa Bäckchen und einem Bäuchlein. Vielleicht kombinierte Moore den New Yorker Nikolaus mit dem englischen Father Christmas, um einen fröhlicheren Gesellen für seine Kinder zu schaffen. Ein Unterschied allerdings, der nicht so oft thematisiert wird, besteht in der Größe: Moores Nikolaus ist eine winzige Figur in einem Minischlitten, was erklären könnte, wie er durch den Kamin passt. Er stammt aus dem Elfenland – könnte daraus die Idee für Santas Helfer, die Elfen, entstanden sein? Dazu kommen wir gleich noch.

Gegen Ende des Gedichts macht Sankt Nikolaus eine konspirative Geste in Richtung des Vaters, des Ich-Erzählers, indem er einen Finger an die Nase hält, wie um zu zeigen, dass er selbst um das Geheimnis weiß: Ich bin nur eine Fantasie, aber sag's nicht den Kindern.

Das Spielzeug stopfte er, eifrig und stumm,
in die Strümpfe, war fertig, drehte sich um,
hob den Finger zur Nase, nickte mir zu,
kroch in den Kamin und war fort im Nu!

»*Twas the Night Before Christmas*« definiert unser Bild von Santa Claus und seine Rolle in fast jeder Hinsicht. Das Gedicht erlangte eine solche Popularität, nicht nur in den USA, sondern auch in England und darüber hinaus, dass die darin beschriebene Figur in weiten Teilen der Welt zur allgemein akzeptierten Vorstellung vom Weihnachtsmann wurde.

Thomas Nast

Der deutsch-amerikanische Karikaturist Thomas Nast, manchmal als
»Vater« des politischen amerikanischen Cartoons bezeichnet, schuf mit
einer Illustration für die Titelseite des *Harper's Weekly* vom 3. Januar
1863 das erste der als prägend angesehenen Bilder von Santa Claus.
Die Illustration mit dem Untertitel »*Santa Claus in Camp*« zeigt den
Weihnachtsmann beim Besuch eines Militärlagers der Unionstruppen
im Bürgerkrieg und im Hintergrund ein Schild mit der Aufschrift
»*Welcome Santa Claus*«. Viele der Elemente aus Clement Clarke Moores
Gedicht sind vorhanden: der Schlitten, die Rentiere, Mütze und Jacke
mit Pelzbesatz, der lange weiße Bart. Der einzige Unterschied ist, dass
aus Moores kleinem Elfen ein ausgewachsener Mann geworden war.

In der Weihnachtsausgabe des *Harper's Weekly* vom Dezember 1863
zeigt Nast, wie Santa Claus mit einem Sack voller Geschenke auf dem
Rücken an zwei schlafenden Kindern vorbeischleicht. Dies ist das erste
Mal, dass er, wie in »*Twas the Night Before Christmas*« beschrieben, mit
einem Sack dargestellt ist.

Sein Bündel trug Nikolaus huckepack,
So wie die Hausierer bei uns ihren Sack.

Im Laufe der folgenden 20 Jahre entwickelte Nast in *Harper's Weekly*
seine Vorstellung von Santa Claus weiter. Er zeigte uns nicht nur,
wie Santa aussieht, sondern auch, wo er lebt und seine Werkstatt hat.
Mit dem Ausbau des Postwesens regte man Kinder dazu an, Briefe
an Santa Claus zu schreiben, doch dazu brauchten sie natürlich eine
Adresse. Weil der Schlitten von Rentieren gezogen wird, die hoch im
Norden nahe der Arktis leben, beschloss Nast in den 1860er-Jahren,
dass Santa von dort kommen müsse. Zu jener Zeit waren Polarexpedi-
tionen von John Franklin, James Clark Ross und anderen ein großes
Thema, das die Leser des *Harper's Weekly* fesselte. Doch kein Mensch
hatte bis dahin den Nordpol erreicht, der dadurch ein magisch-mys-
teriöser Ort war, an dem Santa Claus im Verborgenen leben konnte.
Auch die nordischen Götter, die, wie wir wissen, Teil von Santas
Ahnenreihe sind, lebten angeblich im arktischen Norden. Die Nord-
pol-Heimat von Santa Claus klang daher für Thomas Nast plausibel.

Für die Ausgabe des *Harper's Weekly* vom 4. Januar 1879 zeichnete Nast
das Bild eines Mädchens, das einen an »*St Claus, North Pole*« adressier-
ten Brief einwirft.

Nun hatte Santa Claus eine Adresse. 1866 schuf Nast einen doppelseitigen Holzstich mit dem Titel *Santa Claus and His Works*, der in der *Harper's-Weekly*-Ausgabe vom 29. Dezember erschien. Er zeigt Santa zu Hause bei der Erledigung all seiner Aufgaben, beim Lesen der Liste mit den braven und unartigen Kindern, beim Anfertigen von Spielzeug, Schmücken des Weihnachtsbaums und beim Verteilen der Geschenke.

George P. Webster veröffentlichte 1869 ein Gedicht mit demselben Titel,»*Santa Claus and His Works*«, mit sieben von Nasts Illustrationen aus *Harper's Weekly*, jetzt aber in Farbe, die alle Santa Claus in einem roten Mantel mit weißem Besatz zeigen. Webster bestätigte in seinen Versen auch die Adresse von Santa Claus.

In einem netten Ort namens Santa-Claus-Stadt,
Der Häuser und Kirche an einem Hügel hat,
Lebt der alte Santa Claus mit frohem Sinn,
Arbeitet täglich und pfeift vor sich hin.
Wisse: Sein Heim während des Sommers, so heiß,
Liegt nahe am Nordpol im Schnee und im Eis.

Der amerikanische Maler und Illustrator Norman Rockwell begann 1916 mit einer Serie von Titelbildern für die *Saturday Evening Post*, die Santa fast genau so zeigen, wie er auch heute abgebildet wird, als fröhlichen, pausbäckigen alten Mann mit einem buschigen weißen Bart und einem roten Mantel.

Thomas Nasts und Norman Rockwells Illustrationen sowie Clement Clarke Moores Gedicht gelangten über den Atlantik nach Großbritannien, wo sie ebenso populär wurden wie in Amerika. Und sie veränderten das britische Weihnachtsfest, wie sie zuvor das amerikanische *Christmas* verändert hatten. Man begann, sich eher an Heiligabend zu beschenken als, wie zuvor, an Silvester. Und man hängte Strümpfe auf. Der Father Christmas aus *A Christmas Carol* von Charles Dickens und der Santa Claus von Moore, Nast und Rockwell verschmolzen zu der fröhlichen Weihnachtsfigur mit rotem Gewand, weißem Bart und dickem Bauch, die durch den Kamin kommt, Geschenke bringt und in einem von Rentieren gezogenen Schlitten fährt, die wir heute kennen und lieben. Der einzige Unterschied ist, dass die Briten ihn eher »Father Christmas« nennen, während die Amerikaner »Santa Claus« bevorzugen.

Santas Pfeife

Eins der Requisiten, die Washington Irving, Clement Clarke Moore und Thomas Nast Santa mitgaben, hat allerdings die Zeit nicht überdauert: seine Pfeife.

Im Munde, da qualmte ein Pfeifenkopf,
und der Rauch, der umwand
        wie ein Kranz seinen Schopf.

Im Laufe des 19. Jahrhunderts verlor Santa allmählich seine Pfeife, und im folgenden Jahrhundert war sie dann weitgehend verschwunden. Thomas Nast bildete Santa auf einigen Bildern mit, auf anderen aber auch ohne Pfeife ab. Aus dem 20. Jahrhundert gibt es fast keine Abbildungen von Santa mit der Pfeife. Er scheint das Rauchen einfach so aufgegeben zu haben, ohne dass Gesundheitslobby oder Political Correctness im Spiel gewesen wären. Offenbar sahen die Illustratoren keine Notwendigkeit für die Pfeife.

Zu einer Kontroverse kam es 2012, als die kanadische Verlegerin Pamela McColl eine Version von »*Twas the Night Before Christmas*« ohne die Zeilen herausbrachte, die sich auf Santas Pfeife beziehen (siehe oben). Auf der Titelseite stand der Vermerk: »Herausgegeben von Santa Claus zum Wohl der Kinder des 21. Jahrhunderts«.

Einige sahen darin eine vernünftige Anpassung von Santa an eine Zeit, in der Rauchen als schädlich gilt und nicht mit einer beliebten Kinderfigur assoziiert werden sollte. Für andere war es Zensur und ein nicht zu tolerierender Eingriff in ein vielgeliebtes klassisches Werk. Möge jeder selbst entscheiden.

Milch oder Sherry?

Wenn man schon Santas Lebensstil kritisieren möchte, dann könnte man ihn vielleicht ermahnen, mehr auf seine Ernährung zu achten, damit er seinen Bauch loswird: weniger *Mince Pies* und Sherry, dafür mehr von den Karotten der Rentiere.

Die Tradition, an Heiligabend kleine Snacks für Father Christmas hinzustellen, leitet sich sehr wahrscheinlich von dem germanischen Brauch ab, Essen für *King Winter* bereitzustellen. Im Norden war es üblich, Futter für Odins achtbeiniges Pferd Sleipnir vor die Tür zu legen. In jedem Fall hoffte man, so von einem strengen Winter verschont zu bleiben. In Nordamerika vertreten einige die Meinung, dieser Brauch sei während der Weltwirtschaftskrise befördert worden, als Eltern ihre Kinder dazu anhielten, Dinge mit anderen zu teilen.

Leckereien für den Weihnachtsmann

Die den diversen Weihnachtsmännern angebotenen Köstlichkeiten variieren von Land zu Land.

In Großbritannien stellt man traditionell einen *Mince Pie* (süßes Gebäck mit Fruchtfüllung) und ein Glas Sherry oder Ingwerwein vor den Kamin, damit sich Father Christmas aufwärmen kann.

In Nordamerika ist man etwas gesundheitsbewusster und stellt für Santa ein Glas Milch und einen Teller mit Keksen zur Stärkung bereit.

In Irland sind es ein *Mince Pie* und ein *Pint* Guinness – was sonst?

In skandinavischen Ländern bekommt der Weihnachtsmann eine Schale mit süßem Reisbrei, in Schweden vielleicht ein Tasse Kaffee und in Norwegen einen Krug Bier dazu.

In Litauen ist die angebotene Leckerei ein *piparkuka*, eine Art würziger Pfefferkuchen, den man oft auch an den Weihnachtsbaum hängt.

Die Niederländer wie auch die Spanier sind mehr um die armen Rentiere besorgt und stellen Karotten (gut für das Sehen bei Nacht) und etwas Heu hinaus.

Ganz ähnlich die Franzosen, die ebenfalls Karotten für die Rentiere bereitlegen, für »Papa Noël« aber auch ein paar Kekse.

In Italien bekommt »Babbo Natale« eine Clementine, den Rentieren stellt man etwas Heu hin.

In Deutschland und der Schweiz bekommt der arme Weihnachtsmann gar nichts. Stattdessen fordert man die Kinder auf, ihm oder dem Christkind einen Wunschzettel zu schreiben, und das Christkind lässt bei dessen Abholung ein kleines Geschenk zurück.

Auf der Südhalbkugel fällt Weihnachten in den Sommer, folglich zieht der Weihnachtsmann etwas Kühles vor, muss er doch in diesem dicken roten Mantel umherziehen. In Australien, einem seiner ersten Stopps, verhilft man ihm mit einem Glas Bier und einem Teller Keksen zu neuem Schwung, dazu noch Karotten für die Rentiere.

In Chile kann sich Santa an köstlichem *pan de pascua* (Weihnachtsbrot) laben, eine Art Biskuitkuchen mit kandierten Früchten, Ingwer und Honig.

Santas Elfen

Jeder weiß, dass Elfen Santa Claus bei seiner Arbeit hilfreich zur Seite stehen.

Sie entwerfen und erschaffen Spielzeug für Kinder, versorgen die Rentiere und bewachen den geheimen Ort von Santas Zuhause am Nordpol. Und besonders wichtig: Sie führen die Liste mit den braven und den unartigen Kindern, damit Santa weiß, wer Geschenke bekommt.

Elfen gehören zu einem Universum mythischer Fabelwesen wie Feen und Kobolde – zu letzteren zählen etwa der irische *Leprechaun*, der schwedische *Tomte* und der dänische *Nisse*. In der nordischen Mythologie sind Elfen kleine Naturgeister mit magischen Kräften, die angeblich das Heim vor Unheil beschützen.

In heidnischen Gemeinschaften dachte man, gute oder schlechte Ernten wären abhängig vom Willen launischer Geister. Bei den Zeremonien der Wintersonnenwende wurden daher diesen Geistern Speisen und Getränke dargeboten in der Hoffnung, so eine fruchtbare Wachstumssaison sicherzustellen. Nordische Elfengestalten entschieden auch über das Schicksal eines Menschen – je nachdem, ob er gut oder böse gewesen war. Den Bösen spielten sie Streiche, ließen ihre Milch sauer werden, stibitzten ihnen Dinge wie die Frühstückswurst oder den Hut, zerzausten ihr Haar, sprachen Zaubersprüche aus, setzten sich auf deren Kopf und verursachten Albträume. Im Übrigen liegt – wie dem »Albtraum« – auch dem Wort »Elfen« das altdeutsche *alb* oder *elb* zugrunde. Bösartige Elfen wurden für jegliche Art von Unglück oder unerklärlichem Unheil verantwortlich gemacht. Um sie zu besänftigen und von Unfug abzuhalten, war es üblich, ihnen abends eine Schüssel mit Haferbrei rauszustellen – ein Brauch, der fortgeführt wird, indem man an Heiligabend eine Leckerei für Father Christmas oder Santa Claus bereitstellt.

Wie aber kam es zur Verbindung von Santa Claus mit diesen launenhaften Wesen? Die Elfen wurden zweifellos von Einwanderern aus Nordeuropa im 18. und 19. Jahrhundert nach Amerika mitgebracht. Sie waren somit den an solch übersinnlichen Dingen interessierten Amerikanern des 19. Jahrhunderts vertraut. Der berühmteste aller Elfen, zumindest für die Immigranten aus England, war vermutlich Puck aus William Shakespeares *Sommernachtstraum*.

In »*Twas the Night Before Christmas*« griff Moore die Idee dieser fantastischen Kreaturen auf und beschrieb Santa Claus selbst als »*a right jolly old elf*« (»fröhlichen alten Elfen«) – dies war die erste Erwähnung von Elfen im Zusammenhang mit Weihnachten. Als aus Santa Claus ein ausgewachsener und vielbeschäftigter Mann wurde, lag es da möglicherweise nahe, ihm Elfen als Hilfspersonal bereitzustellen – schließlich war auch sein Vorfahre nicht auf sich allein gestellt gewesen.

Auch von Sankt Nikolaus ist bekannt, dass ihm bei der Verteilung der Geschenke an Kinder Helfer zur Seite standen, deren Aufgabe insbesondere in der Bestrafung der ungezogenen Kinder bestand. Dies waren furchterregende Gestalten wie Knecht Ruprecht in Deutschland, der Krampus (halb Geißbock, halb Teufel) in Österreich oder der Zwarte Piet in den Niederlanden.

Im Jahr 1857 erschien ein anonymes Gedicht mit dem Titel »*The Wonders of Santa Claus*« im *Harper's Weekly*. Eine Strophe daraus berichtet uns Folgendes über Santa Claus und seine Elfen:

In seinem Haus auf einem Hügel,
Kaum zu sehen, zauberhaft,
Beschäftigt er ganz viele Elfen,
Sie arbeiten mit ganzer Kraft
Und schaffen tausend hübsche Dinge,
Kuchen, Spielzeug und Konfekt,
Die werden in die häng'den Strümpfe
Der kleinen Kinder dann gesteckt.

Hier wurde zum ersten Mal erwähnt, dass Santas Elfen mit der Spielzeugproduktion beschäftigt sind. Und weiter heißt es im Gedicht, dass, sobald sich ein Fremder nähere, Santa Claus alle Elfen die Arbeit einstellen lasse und Haus, Werkstatt und Elfen in einem frostigen Nebel verschwinden. Santa Claus möchte nicht, dass der Standort seiner Werkstatt entdeckt wird – eine weitere Aufgabe für seine Elfen.

Für die erste bildliche Darstellung von Santas Elfen bei der Arbeit müssen wir uns nochmals *Godey's Lady's Book* zuwenden, dem Magazin, das, wie wir gesehen haben, dabei half, den Weihnachtsbaum in den USA populär zu machen. Im Jahr 1873 schmückte ein Bild die Titelseite, auf dem Santa Claus einer ganzen Armee emsiger Elfen Anweisungen zur Herstellung von Spielsachen gibt. Die Überschrift lautet »*The Workshop of Santa Claus*« (»Die Werkstatt von Santa Claus«), und im Innenteil heißt es dann: »Hier bekommen wir eine Vorstellung von den Vorbereitungen, die getroffen werden, um die jungen Menschen an Weihnachten mit Spielsachen zu versorgen.«

Obwohl noch niemand, soweit wir wissen, tatsächlich einen Elfen gesehen hat, werden Santas Helfer meist als kleine, schelmische Kreaturen mit spitzen Ohren, Zipfelmützen und Kleidung in den Weihnachtsfarben Rot und Grün dargestellt. Genau so tauchen sie in Norman Rockwells Illustration »*Santa with Elves*« für die Titelseite der *Saturday Evening Post* vom 2. Dezember 1922 auf.

Dank solcher Illustrationen, zahlreicher Kinderbücher und vieler Disney-Filme wurden Santas kleine Helfer zu einem festen Bestandteil des US-amerikanischen Weihnachtsfests.

Mrs. Claus

Mrs. Claus liefert ein gutes Beispiel dafür, wie sich Weihnachten analog zu den Veränderungen in der Gesellschaft weiterentwickelt hat. Im 19. Jahrhundert trat sie zunächst kaum in Erscheinung, wurde vielleicht in ein oder zwei literarischen Werken erwähnt. Ihre Rolle beschränkte sich auf die Führung des Haushalts und die Aufsicht über die Elfen, während Santa auf Reisen war. Erst 1889 trat sie stärker in den Vordergrund. In dem reizenden Gedicht »*Goody Santa Claus on a Sleigh Ride*« (aus dem Buch *Sunshine and other Verses for Children*) von Katharine Lee Bates überredet Goody Santa Claus – »*Goody*« kommt von *Goodwife*, einer alten Bezeichnung für »Frau, Hausherrin« – ihren Gatten, sie zum Ausgleich für ihre harte Arbeit mit auf seine Runden zu nehmen. Zusammen erleben sie viele Abenteuer, in denen sich Mrs. Claus ihrem Mann in jeder Beziehung als ebenbürtig erweist.

Ab den 1960er-Jahren erschien Mrs. Claus dann regelmäßiger in Bilderbüchern, auf Weihnachtskarten, bei Umzügen, Paraden und Schulaufführungen, in Weihnachtsgrotten und gerade auch in Filmen. Zwar blieb ihr Erscheinungsbild als ältere weißhaarige, rundliche Frau relativ beständig, doch ihre freundlich-ruhige Persönlichkeit bildete einen schönen Gegensatz zu Santas Überschwänglichkeit, sodass Mrs. Claus zu einer aktiven Partnerin bei den weihnachtlichen Unternehmungen ihres Mannes wurde. Ihr modernes Image ist gut in einem TV-Werbespot von Marks & Spencer aus dem Jahr 2016 eingefangen, in dem Mrs. Claus als Retterin auftritt und per Helikopter vom Nordpol einfliegt, um einem verzweifelten Mädchen die gewünschten Turnschuhe für den kleinen Bruder zu übergeben.

Coca-Colas Santa

Im Jahr 1931 zeichnete der schwedische Grafiker Haddon Sundblom ein Bild von Santa Claus für eine Werbeanzeige von Coca-Cola in der *Saturday Evening Post*. Sundbloms Vorstellung von Santa als einem freundlichen, dicklichen Kerl mit weißem Bart und einem rot-weißen Mantel basierte auf Clement Clarke Moores Beschreibung von Santa in seinem Gedicht »*Twas the Night Before Christmas*«. Zufällig waren Rot und Weiß auch die Farben des Unternehmens Coca-Cola – eine perfekte Kombination. In den folgenden 30 Jahren schuf Sundblom für Coca-Cola unzählige Bilder von Santa Claus, die in Zeitschriften, auf Reklametafeln, Postern, Kalendern und Spielwaren rund um die Welt erschienen, weshalb viele Menschen dachten, Coca-Cola selbst habe Santas berühmtes Outfit erfunden. Doch es entwickelte sich, wie wir gesehen haben, aus der roten Bischofsrobe des heiligen Nikolaus. Dank der weltweiten Reichweite von Coca-Cola ist der Santa von Haddon Sundblom vielleicht der Santa Claus mit dem größten Wiedererkennungseffekt.

Santas Weihnachtsgrotte

Bereits 1879 eröffnete ein Kaufhaus in Liverpool, Lewis's, die weltweit erste *Santa's Christmas Grotto*, wo Kinder Father Christmas persönlich treffen und ihm ihre Weihnachtswünsche überbringen konnten. Die Idee für diese *Christmas Fairyland* genannte Grotte hatte der Unternehmer David Lewis, der eine Szenerie mit weihnachtlichem Thema für seine Ausstellungshalle wollte. Der höhlenartige Aufbau war mit winterlichen Dekorationen und Lichterketten, Weihnachtsbäumen, Unmengen Kunstschnee, einigen Eisbären, Modellen einiger Liverpooler Wahrzeichen und natürlich einem lebenden Father Christmas ausgestattet. Die Idee erwies sich als Bombenerfolg, und schon bald eröffneten andere Geschäfte ihre eigenen Weihnachtsgrotten, in denen Kinder Father Christmas treffen konnten und von ihm beschenkt wurden.

Das *Christmas Fairyland* ist bis heute in Liverpool erfolgreich. Nach der Schließung des Kaufhauses Lewis's im Jahr 2010 zog die Grotte über die Straße in den vierten Stock des Geschäfts Rapid Hardware. Inzwischen wird sie im St. John's Shopping Centre präsentiert.

Thomas Nast schuf 1882 eine Grafik für *Harper's Weekly* mit dem Titel
»*The Shrine of St. Nicholas* – ›*We are all Good Children*‹« (»Das Heiligtum
von St. Nikolaus – ›Wir sind alle brave Kinder‹«). Sie zeigt eine Gruppe
Kinder, die begeistert auf Santa Claus schauen, der auf einer Kiste
mit der Aufschrift »*Christmas Box 1882 St. Nicholas – North Pole*« sitzt.
Dabei befinden sie sich in einer Art Grotte, deren Wände Stalaktiten
oder Eiszapfen und grinsende Geister-Gesichter aufweisen.

Gegen Ende des 19. Jahrhunderts waren Weihnachtsgrotten außer in
Großbritannien auch in den USA, Australien und Neuseeland populär
geworden.

USA

Die bekannteste Weihnachtsgrotte in Nordamerika ist *Santaland* von
Macy's in New York. Im 19. Jahrhundert war Macy's das erste Kauf-
haus in den USA, das spezielle Schaufensterdekorationen für Weih-
nachten präsentierte, und 1861 trat dann Santa Claus dort zum ersten
Mal persönlich in Erscheinung; damals gab es jedoch noch keine
Grotte. Seit 1924 wird Santa beim großen Finale der *Thanksgiving-Day*-
Parade zum Hauptgeschäft von Macy's am Herald Square willkom-
men geheißen, wo er bis Heiligabend im *Santaland* residiert.

Australien

Südlich des Äquators erschien Father Christmas erstmals persönlich
1896 in der *Magic Cave* von John Martin's Department Store in Adelaide in South Australia. Das Kaufhaus schloss 1996, doch die *Magic
Cave* ging an den Nachfolger, David Jones, über, und Father Christmas
erscheint dort noch immer nach der *Adelaide Christmas Pageant*. Dies
ist die größte Parade der Südhalbkugel; seit 1933 findet sie meist am
zweiten oder dritten Samstag im November statt.

Und damit sind wir nun am ersten Weihnachtstag angelangt.

Kapitel 12

Erster Weihnachtsfeiertag

Der erste Weihnachtsfeiertag ist der Tag, an dem die Geburt Jesu zelebriert wird. In christlichen Ländern ist dieser 25. Dezember ein gesetzlicher Feiertag. In Großbritannien und den USA etwa genießt man am *Christmas Day* das Weihnachtsessen und packt die Geschenke aus.

In einigen Regionen der Welt, wie beispielsweise in Deutschland, bereitet man das Weihnachtsfestmahl bereits am Heiligen Abend zu, doch in Großbritannien und den USA, in Kanada, Australien und Neuseeland und anderen von britischen Einwanderern geprägten Ländern ist es üblich, erst am nächsten Tag, am ersten Weihnachtsfeiertag, ein festliches Mittagessen aufzutischen. Jedes Land hat seine Spezialitäten – in Großbritannien sind die traditionellen Zutaten Truthahn und *Christmas Pudding*.

Einige Weihnachtsspezialitäten aus Ländern rund um die Welt

USA und Kanada: *Eggnog* (Eierpunsch)

Australien und Neuseeland: *Pavlova* (Torte aus Baiser und Sahne) mit frischen Früchten

Frankreich: Kaviar, Austern, *Foie gras* (Gänse- oder Entenstopfleber), Champagner

Deutschland: Weihnachtsgans oder -karpfen, Stollen, Lebkuchen, Glühwein

Italien: *Panettone* (Kuchen mit kandierten Früchten und Sultaninen)

Spanien: Truthahn, *turrón* (Nougatkonfekt aus Mandeln, Honig oder Zucker und Eiweiß)

Portugal: Stockfisch, Milchreis, *Bolo Rei* (Hefekuchen mit kandierten Früchten und Nüssen)

Polen: *Pierogi* (Piroggen – gefüllte Teigtaschen), Karpfen (fleischloses Essen)

Skandinavien: Milchreis, Weihnachtsschinken, *gløgg* (Glühwein)

Puerto Rico: *Coquito* (Punsch aus Kokosmilch und Rum)

Kolumbien: *Natilla* (Milchcreme mit Kokos und Zimt)

Mexiko: *Tamales* (gedämpfte Maisteigtaschen, gefüllt mit Fleisch, Gemüse, Käse oder Früchten)

Japan: frittierte Hähnchenflügel, *kurisumasu keki* (Biskuitkuchen mit Erdbeeren und Sahne)

Das Weihnachtsessen

»Die alten Hallen der Burgen und Herrenhäuser
ertönten von der Harfe und dem Weihnachtsliede,
und ihre gewaltigen Tafeln erseufzten unter der
Last der Gastfreiheit.«
Washington Irving, »Weihnachten«

Ein wichtiger Aspekt des Weihnachtstages ist üppiges Essen. Zumindest gilt das für mich – und für Millionen andere. Wir können uns nicht dagegen wehren, es steckt in unserer DNA. Seit Urzeiten haben es sich unsere Vorfahren zu Mittwinter gut gehen lassen.

Wie so oft, hat das alles mit den Jahreszeiten zu tun. Früher, als die meisten Menschen Bauern waren und auf dem Feld arbeiteten, gaben die Jahreszeiten den Rhythmus vor. Kommen die Wintermonate, wird es kalt und das Gras hört auf zu wachsen. Das Vieh muss von den Weiden geholt, in Ställen untergebracht und mit Heu gefüttert werden. Heu war teuer und nur begrenzt verfügbar, was bedeutete, dass viele Tiere geschlachtet wurden, um sich deren Fütterung und Unterbringung zu ersparen. So kam es zu einer plötzlichen Schwemme von Frischfleisch, das gegessen werden musste. Ähnlich war es bei Wein und Bier, die im Spätsommer vergoren worden und nun trinkbereit waren.

In jenen Tagen war das Schlemmen und Feiern eine Sache des ganzen Dorfes. Die Gemeinschaft kam zusammen, und jeder trug etwas zum Festmahl bei. Im Mittelalter öffnete der Gutsherr sein Herrenhaus und lud die Dorfbewohner an seine Tafel, wo es verschiedenstes Fleisch gab, Rind, Lamm, Rotwild, Schinken, Rebhuhn, Fasan oder Gans, und alles wurde mit reichlich Bier hinuntergespült.

In Großbritannien wurden Weihnachten und die damit verbundenen Gelage von den Puritanern im 17. Jahrhundert zeitweise verboten; und als Weihnachten mit der Restauration unter Charles II. wieder erlaubt war, feierte man es deutlich verhaltener. Im 18. Jahrhundert lösten sich dann die bäuerlichen Gemeinschaften allmählich auf, als die Industrialisierung die Menschen vom Land in die Stadt lockte. Die Viktorianer bemühten sich, viele der alten Weihnachtstraditionen wieder zu beleben – bis auf die eher vulgären Elemente. So wurde das Weihnachtsessen zu dem Familienereignis, wie wir es kennen.

Das britische Weihnachtsessen

»Es war ein ordentliches Weihnachtsdinner, mit
Truthähnen, Roastbeef, Plumpudding & *Mince Pies*.«
Tagebuch von Königin Victoria, 25. Dezember 1843

In Großbritannien besteht das Weihnachtsessen meist aus Truthahn,
Würstchen im Speckmantel, Bratkartoffeln und Rosenkohl, gefolgt von
Christmas Pudding und *Mince Pies*. Wie kam es dazu?

Truthahn

Heute essen neun von zehn Briten Truthahn zu Weihnachten. Das
war nicht immer so. Bis etwa Mitte des 20. Jahrhunderts war es üblich, einheimisches Geflügel wie eine Gans, vielleicht auch Fasan oder
Taube zu Weihnachten aufzutischen. Geflügel gab es reichlich, und
es war zur Jagd freigegeben, anders als Rot- und Schwarzwild, das
im Mittelalter in England dem König oder lokalen Landbesitzern
vorbehalten war. Auch eine Gans konnte teuer sein, weshalb ärmere
Familien in georgianischer und viktorianischer Zeit oft zu Jahres-
beginn einem »Gänseclub« beitraten und wöchentlich einige Pennys
für den Weihnachtsvogel zur Seite legten. Wer keinen Ofen besaß, was
auf die meisten zutraf, brachte seinen Gänsebraten im rohen Zustand
zum örtlichen Bäcker.

Oder man hatte Glück und wurde ins Herrenhaus eingeladen, um sich
mit anderen einen mit Stechpalmenzweigen dekorierten gebratenen
Wildschweinkopf schmecken zu lassen.

Truthähne wurden in den 1520er-Jahren von dem aus Yorkshire stammenden William Strickland eingeführt, der sechs lebende Truthähne von einer Reise in die Neue Welt mit dem Entdecker Sebastiano Caboto mitgebracht hatte. Henry VIII. war der erste englische König, der einen Truthahn genießen konnte. Schon bald kam der Truthahn beim Adel in Mode und löste den Pfau ab, der kleiner und zäher war und künftig vorrangig dekorativen Zwecken vorbehalten blieb.

Charles Dickens machte den Truthahn als Weihnachtsbraten dann 1843 in seiner Erzählung *A Christmas Carol* populär, in der der schuldgeplagte Griesgram Ebenezer Scrooge seinem von ihm schlecht behandelten Angestellten Bob Cratchit und dessen Familie einen riesigen Truthahn anstelle der üblichen Gans überreicht.

Zu Beginn des 20. Jahrhunderts genoss Edward VII. offensichtlich seinen Weihnachtstruthahn – und woran sich die Königsfamilie erfreute, daran erfreute sich bald jedermann. Truthahn war teuer und blieb für die meisten bis in die 1950er-Jahre ein Luxus, bis dann Kühlschränke weitere Verbreitung fanden. Nun konnte man Fleisch sicher aufbewahren und musste nicht sofort alles aufessen. Die mittlerweile erschwinglichen Truthähne wurden zu einem Festtagsfavoriten, auch weil ein solch großer Vogel viele hungrige Mäuler stopfen konnte. Heutzutage werden jedes Jahr rund 10 Millionen Truthähne in der Weihnachtszeit in Großbritannien verspeist.

Würstchen im Speckmantel

Neben dem Truthahn kamen auch diese in Bacon eingewickelten Würstchen (*pigs in blankets*) aus den USA – allerdings wesentlich später. Erfunden oder zumindest populär gemacht hat sie die fiktive amerikanische Köchin Betty Crocker (eine Werbefigur) 1957 mit ihrem *Betty Crocker's Cook Book for Boys and Girls*.

Bratkartoffeln

Die ursprünglich aus Südamerika stammende Kartoffel wurde im 16. Jahrhundert von spanischen Seefahrern über die Kanaren aufs europäische Festland gebracht und angeblich von Sir Walter Raleigh in Irland und dann in Großbritannien eingeführt. Die billige und einfach anzubauende Knolle wurde bald zu einem Grundnahrungsmittel. Mit dem Aufkommen von Küchenherden ab dem frühen 19. Jahrhundert wurden Kartoffeln dann auch gebraten und gebacken. Zuvor hatte man Fleisch am Spieß über offenem Feuer zubereitet, während die Kartoffeln separat gekocht wurden.

Rosenkohl

Nichts bietet an einer britischen Weihnachtstafel
so viel Anlass zu Streit wie Rosenkohl. Die einen
lieben ihn, die anderen – vor allem Kinder – hassen
ihn. In England wurde er durch das Haus Hannover
eingeführt. Das erstmals von den Römern kultivierte Gemüse wurde bevorzugt in den Niederlanden und im heutigen
Belgien angebaut, daher auch die Bezeichnung »Brüsseler Kohl«.
Prinz Albert liebte Rosenkohl und ist wesentlich für dessen Beliebtheit
verantwortlich – neben vielen anderen Aspekten der britischen Weihnacht. Hinzu kommt, dass Rosenkohl ein Wintergemüse und gerade
zu Weihnachten reichlich verfügbar ist. Er ist zudem gesund, denn
100 Gramm der Röschen enthalten etwa doppelt so viel Vitamin C
wie die gleiche Menge Orangen; von der angeblich die Fruchtbarkeit
steigernden Wirkung ganz zu schweigen.

Christmas Pudding

Wie der Truthahn, so wurde auch der traditionelle britische *Christmas
Pudding* von Königin Victoria und Prinz Albert sehr geschätzt. Dies
ist nun allerdings eine urbritische Weihnachtstradition, die nicht aus
Deutschland kommt. Angeblich bekam der in Deutschland geborene
George I. den Beinamen »*Pudding King*«, weil er sich zu seinem ersten
in England gefeierten Weihnachtsfest einen traditionellen Plumpud-
ding wünschte – vielleicht im Bemühen, die Sympathien seiner neuen
Untertanen zu gewinnen.

Bei den einfachen Leuten wurde der Plumpudding zu Weihnachten
durch Charles Dickens und sein Werk *A Christmas Carol* populär.

»Nach einer halben Minute trat Mrs. Cratchit herein,
aufgeregt, aber stolz lächelnd und vor sich den Pudding
haltend, hart und fest wie eine gefleckte Kanonenkugel,
in einem Viertelquart Brandy flammend und in der
Mitte mit einer festlichen Stechpalme geschmückt.
Oh, welch wunderbarer Pudding!«
Charles Dickens, *Eine Weihnachtsgeschichte*, 1843

Der *Christmas Pudding* – in seiner Konsistenz ähnelt er eher einem Kuchen als der bekannten Milch-Süßspeise – hat seinen Ursprung im England des Mittelalters, wo er als dicke Gemüsesuppe, als eine Art Eintopf entstand. Gemüse und Getreide, manchmal auch Fleisch, wurden langsam in einem Kessel über Holzfeuer gekocht. *Pottage*, »dicke Suppe«, war ein beliebtes Gericht, weil man alles, was gerade verfügbar war, dazu verwenden konnte. Im Mittelalter gab es in England noch reichlich Holz, also konnte man das Feuer permanent brennen und den Eintopf den ganzen Tag über simmern lassen, sodass immer ein warmes Essen bereitstand. Manchmal, in wohlhabenderen Haushalten, wurde der Eintopf mit Gewürzen aufgepeppt, mit Trockenobst und Wein gesüßt und zu festlichen Anlässen vielleicht mit Brandy begossen und flambiert serviert.

Eine andere Variante bestand darin, die Suppe mit Brotkrumen, gemahlenen Mandeln und Eigelb zu einem Pudding einzudicken, Trockenobst unterzumischen und die Masse, fast wie Wurst, in einen Tiermagen zu füllen. So verpackt hielt sich der Pudding länger.

Im 17. Jahrhundert ersetzte dann das Puddingtuch die tierischen Mägen als Umhüllung, und allmählich kam es zu einer Aufspaltung in süße und herzhafte Puddinge (etwa mit Rindfleisch).

Plumpudding galt als besonderer Leckerbissen und wurde zum Erntedankfest oder in der Zeit vor Weihnachten serviert, manchmal auch als Vorspeise des Weihnachtsessens, um eine Grundlage für die Hauptspeise zu schaffen. Mit der Entwicklung hin zu einer Süßspeise aß man ihn dann nach dem Hauptgang als Dessert.

Das ursprünglich nach den beigemengten Backpflaumen benannte Gericht enthielt zwar bald meist keine Pflaumen mehr, sondern Rosinen; diese wurden jedoch mit der Zeit ebenfalls als *plums* bezeichnet, und irgendwann hieß dann jeder Pudding mit Trockenfrüchten *Plum Pottage* oder *Plum Pudding*.

Es gibt viele Mythen und Erzählungen darüber, wie es zur Assoziation von Plumpudding und Weihnachten kam. Eine davon verweist auf einen Erlass der römisch-katholischen Kirche aus der Mitte des 16. Jahrhunderts, dass »am 25. Sonntag nach Trinitatis eine Süßspeise aus 13 Zutaten bereitet werden soll, die für Jesus und die zwölf Apostel stehen. Jedes Familienmitglied sollte sie zu Ehren der Heiligen Drei Könige und ihrer Reise aus östlicher in westliche Richtung umrühren.«

Ein anglikanisches Gebet aus dem 16. Jahrhundert beginnt mit den Worten »*Stir up, we beseech thee, oh Lord, the wills of thy faithful people*« (»Erwecke, o Herr! den Willen Deiner Gläubigen«). Nach dem 25. Sonntag nach Trinitatis beginnt der Advent, und es verbleibt noch etwa ein Monat bis Weihnachten. Zu dieser Zeit widmet man sich traditionell der Zubereitung des *Christmas Pudding*. So wurde das »Aufrütteln« des Gebets allmählich in das Rühren des Puddings umgemünzt – und der Sonntag wurde als »*Stir-up Sunday*« (»Umrühr-Sonntag«) bezeichnet.

Die viktorianische Köchin Eliza Acton aus Tonbridge in Kent verwendete für den festlichen Plumpudding in ihrem 1845 erschienenen Buch *Modern Cookery for Private Families* erstmals die Bezeichnung *Christmas Pudding*. Actons Rezept für »*The Author's Christmas Pudding*« gilt heute als Standard und enthält alle traditionellen Zutaten wie Rosinen, Sultaninen, Gewürze, Rindernierenfett, Mehl, Eier, Rohrzucker und Brandy.

Weil Plumpudding mit Alkohol getränkt wird, hält er sich monatelang. Zum Servieren wird er traditionell nochmals mit Alkohol, meist Brandy, begossen und flambiert. Man kann darin einen Rückgriff auf heidnische Feuerrituale sehen, weshalb er von den Puritanern verboten wurde, oder ein Symbol der brennenden Leidenschaft Christi. Steckt man noch einen Stechpalmenzweig hinein, kann das als heidnische Geste zur Abwehr böser Geister oder als Dornenkrone Christi interpretiert werden.

Früher war es auch üblich, kleine Objekte unter die Puddingmasse zu mischen. Wer eine Silbermünze in seiner Portion fand, dem war Wohlstand für das kommende Jahr sicher, ein Ring bedeutete Hochzeit und ein Fingerhut Ehelosigkeit. Was es bedeutete, wenn man die Überraschung verschluckte, ist nicht klar – vermutlich Verdauungsschwierigkeiten.

Christmas Cake

Der *Christmas Cake* ist ein Kuchen aus denselben Zutaten wie der Plumpudding. In wohlhabenderen Haushalten überzog man ihn mit einer Schicht Marzipan.

Mince Pies

Der traditionelle britische *Mince Pie* hat ähnliche Ursprünge wie der *Christmas Pudding*. Fleisch wurde zerkleinert (*minced* – vom lateinischen *minutiare*, »klein machen«) und zusammen mit Trockenobst, Gewürzen, Rindernierenfett und meist Brandy zur Konservierung mit Mehlteig umhüllt. Diese *minced meat pyes* (»Pasteten mit gehacktem Fleisch«) waren eine gute Möglichkeit, Speisen für das bevorstehende Weihnachtsfest vorzubereiten. Allerdings waren die Zutaten recht teuer, sodass es sich ursprünglich um eine Leckerei für die Reichen handelte. Die *Pies* wurden in allen erdenklichen Formen gebacken. Auf rechteckige Pasteten legte man manchmal eine aus Teig geformte Figur des Jesuskindes als Darstellung von Jesus in der Krippe.

Neue Bewirtschaftungsmethoden machten es irgendwann möglich, den Viehbestand kostengünstiger über den Winter zu bringen. Zusammen mit den verbesserten Konservierungstechniken bedeutete dies, dass Fleisch nicht mehr für lange Zeit haltbar gemacht werden musste. Man füllte die Pasteten nun nicht mehr mit Fleisch, sondern nur noch mit Trockenobst, behielt aber die Bezeichnung *Mince Pie* für diese Süßspeise bei. Das 1861 veröffentlichte Buch *Mrs Beeton's Household Management* enthielt vermutlich das erste Rezept für *mincemeat* ohne Fleisch.

Es wird gesagt, wenn man an jedem der zwölf Weihnachtstage einen *Mince Pie* esse, sorge das für eine gute Gesundheit im nächsten Jahr.

Getränke

Getränke, vor allem Bier und Wein, waren immer ein wichtiger Bestandteil der Mittwinter- und Weihnachtsfeiern.

Heute beginnen viele die Festivitäten gerne mit Champagner, der dem Ganzen ein gewisses Prickeln verleiht. Zu Weihnachten wird natürlich auch gerne Wein getrunken, speziell Glühwein oder angereicherter Wein wie Sherry oder Portwein. Und an Heiligabend sollte man keinesfalls vergessen, für Father Christmas ein Gläschen mit Sherry oder Ingwerwein bereitzustellen, um die *Mince Pies* damit hinunterzuspülen.

Obwohl heutzutage Bier nicht unbedingt mit Weihnachten verbunden wird, wurde es früher bei Mittwinterfesten viel öfter als Wein getrunken, war es doch billiger und einfacher herzustellen. Und da es nach wie vor viele Bierfreunde gibt, bieten verschiedene Brauereien gerade zu Weihnachten ein breites Angebot limitierter Bierspezialitäten an. Hier nur einige Beispiele:

Byatt's XXXmas Ale
Great Orme's Brewdolph
Christmas Ale von Shepherd Neame
(der ältesten britischen Brauerei)
Nürnberger Christkindlesmarkt-Bier (Tucher)
Neuschwansteiner Weihnachtsbier
Corsendonk Christmas Ale

Natürlich variieren die Zutaten für ein modernes Weihnachtsmahl von Land zu Land, oft sogar von Region zu Region, abhängig von lokalen Gebräuchen und den verfügbaren Produkten. Gerade in Ländern mit gemeinsamer kultureller Prägung (etwa durch britische Einwanderer) sind die Grundelemente in etwa dieselben, doch es gibt auch in fast allen Ländern individuelle Weihnachtsspezialitäten.

USA

Das amerikanische Weihnachtsessen gleicht weitgehend dem britischen – mit einigen feinen Unterschieden. Die Amerikaner essen ihren Truthahn an *Thanksgiving* (am 4. Donnerstag im November) und wählen deshalb für Weihnachten gerne ein anderes Fleisch, meist vom Schwein oder Rind. Und obwohl es in Amerika auch Liebhaber von *Christmas Pudding* gibt, entscheiden sich die meisten für *Pie*, nicht *Mince Pie*, sondern mit Kürbis, Pekannüssen oder Äpfeln gefüllten *Pie*.

Ein beliebtes Weihnachtsgetränk ist *Eggnog* (Eierpunsch), den bekanntlich schon George Washington, der erste US-Präsident, genossen hat. Er hatte sogar sein eigenes Rezept dafür, das im *Old Farmer's Almanac* veröffentlicht wurde, einem Almanach, von dem seit seiner Erstpublikation 1792 jährlich ein neuer Band herausgegeben wird und der damit das älteste kontinuierlich erscheinende Druckwerk in den USA ist. Das Rezept sieht Sahne, Milch, Rohrzucker, Eier (in Eigelb und Eiweiß getrennt), Branntwein, Roggenwhiskey, Jamaika-Rum und Sherry vor und endet mit der Empfehlung »Häufig probieren«. Hätte man sowieso gemacht – oder?

In Großbritannien ist der *Eggnog* weniger bekannt, obwohl er offenbar von den Briten nach Amerika gebracht wurde: Captain John Smith erwähnt einen *Eggnog*, der 1607 in Jamestown getrunken wurde.

Am *Christmas Day* 1826 löste der *Eggnog* in der West Point Academy im Staat New York einen Tumult aus, als zu seiner Herstellung Whiskey in die Militärakademie geschmuggelt wurde und anschließend rund 70 Kadetten sturzbetrunken waren. Das Ereignis wurde als *Eggnog Riot* bekannt.

Kanada

Die Kanadier halten weitgehend am britischen Weihnachtsmenü mit Truthahn und *Christmas Pudding* fest. In Quebec kommen einige französisch inspirierte Delikatessen dazu wie *tourtière*, eine herzhafte, mit Schweinefleisch und Kartoffeln gefüllte Pastete, und *Bûche de Noël*, eine wie ein Holzscheit anmutende, mit Schokocreme überzogene Biskuitrolle. Die Bewohner von Vancouver an der Westküste wählen meist Wildlachs statt Truthahn. Aber alle Kanadier genießen Rosenkohl, der dort großflächig angebaut wird, und dazu Kartoffeln von Prince Edward Island. *Shortbread*-Kekse sind ein Favorit aus Großbritannien, auch *Eggnog* aus den USA wird gerne genossen so wie heißer Cider aus Ontario-Äpfeln.

Australien und Neuseeland

Weil Weihnachten mitten im Sommer stattfindet, haben nur wenige Australier und Neuseeländer Lust auf ein Weihnachtsessen mit Braten. Man bevorzugt kaltes Fleisch, Truthahn oder Schinken, oder Meeresfrüchte und Salate oder ein Barbecue am Strand. Traditionell feiern jährlich bis zu 50 000 Menschen den Weihnachtstag an Sydneys Bondi Beach. *Christmas Pudding* isst man dort mit kalter Vanillesauce oder Eiscreme; manche bevorzugen eine Baiser-Torte, eine frisch-fruchtige *Pavlova*. Meist wird eher ein kühles Bier als Wein getrunken.

Auch die europäischen Länder haben ihre Weihnachtsfavoriten.

Deutschland

Ein traditionelles deutsches Gericht an Heiligabend ist seit dem Mittelalter, als in der Adventszeit noch gefastet wurde, der Weihnachtskarpfen. Möglicherweise entstand damals auch schon der Brauch, eine Weihnachtsgans zuzubereiten: Angeblich soll im Mittelalter auch der Verzehr von Gänsefleisch während der Fastenzeit zuweilen erlaubt gewesen sein, weil findige Fleisch-Liebhaber argumentierten, die Gans sei ein Wassertier und könne daher als Fisch gelten. Zum gebratenen, häufig mit Äpfeln und Kastanien gefüllten Vogel werden in der Regel Klöße und Rotkohl serviert. In einigen Regionen geht es jedoch mit Würstchen und Kartoffelsalat an Heiligabend deutlich schlichter zu.

Zum Nachtisch gibt es Christstollen, bevorzugt aus Dresden, und anderes weihnachtliches Gebäck wie Printen, Dominosteine, Spekulatius oder Zimtsterne. Ein besonderer Augenschmaus ist das Lebkuchenhaus, das an das »Knusperhäuschen« im Märchen »Hänsel und Gretel« erinnert.

Das bevorzugte Getränk während der Weihnachtszeit ist Glühwein, ein mit Zimtstangen, Nelken und Orangenschalen gewürzter heißer Rotwein, der manchmal noch mit Rum oder Wodka verstärkt wird.

Frankreich

In Frankreich ist es Brauch, das Weihnachtsessen am Heiligen Abend oder sogar erst nach der Mitternachtsmesse auszurichten. Bei den Zutaten gibt es zahlreiche regionale Varianten; beliebte Weihnachtsgerichte sind mit Maronen gefüllter Truthahn, Gans, Ente, Räucherlachs, Austern, *Foie gras* und grüne Bohnen, dazu Champagner und die besten französischen Weine. Anstelle des *Christmas Pudding* beschließen viele Franzosen das Festmahl mit einer Tradition aus der Provence in Südfrankreich, den *Treize Desserts de Noël*. Diese 13 verschiedenen Desserts stehen für Christus und die zwölf Apostel und werden mit drei brennenden Kerzen für die Heilige Dreifaltigkeit angerichtet. Die Desserts haben jeweils eine spezielle Bedeutung, und man soll von jedem etwas essen, denn das bringt Glück im neuen Jahr. Es folgt eine Aufstellung der Basiszutaten, doch auch hier gibt es viele lokale Varianten.

Les Treize Desserts de Noël

Die Auswahl beginnt mit zwei Nougatvarianten, die für die Wintersonnenwende stehen.

1) Dunkler Nougat symbolisiert das Dunkle oder Böse.

2) Weißer Nougat steht für Licht oder das Gute.

3) Frisches Obst der Saison wie Äpfel, Orangen, Birnen, Mandarinen und Melonen als Symbol des Überflusses der Natur.

4) Datteln, um an die Herkunft Christi aus dem Osten zu erinnern.

5) *Pompe à l'huile*, ein mit Olivenöl gebackenes flaches, süßliches Brot. Es soll nicht geschnitten werden, denn es symbolisiert das von Jesus beim Letzten Abendmahl gebrochene Brot.

6) *Calissons d'Aix*, ein mit einer Zuckerglasur überzogenes Fruchtkonfekt aus Aix-en-Provence, das an Marzipan erinnert. *Calissons* dienen als Liebesbezeugung; täglich ein *calisson* schützt angeblich vor der Pest.

7) Kandierte Früchte symbolisieren die Geschenke der Heiligen Drei Könige für das Jesuskind.

8) *Bûche de Noël*, eine Nachbildung des Julscheits aus Biskuit und Schokolade.

9) *Nougat des capucins*, mit Walnüssen gefüllte Feigen, symbolisieren die Kapuziner.

Schließlich *les quatre mendiants*, die »vier Bettelmönche« (Nüsse oder Früchte, die mit ihrer Farbe an die Kutten der Bettelorden erinnern):

10) Wal- oder Haselnüsse für die Augustiner,

11) Feigen für die Franziskaner,

12) Rosinen für die Dominikaner,

13) Mandeln für die Karmeliten.

Und dazu trinkt man Glühwein. Köstlich.

Osteuropa

In osteuropäischen Ländern wie Litauen, Polen, der Ukraine, Tschechien und der Slowakei findet das große Weihnachtsessen am 24. Dezember statt. Da hier weiterhin der Heilige Abend als letzter Tag der Adventsfastenzeit angesehen wird, serviert man als Hauptgang Fisch – meist Karpfen –, denn Fleisch ist nicht erlaubt. In Osteuropa ist es Brauch, zwölf Gänge zu Ehren der zwölf Apostel und der zwölf Monate des Jahres aufzutischen. Jedes Land hat seine eigenen Spezialitäten, doch allen gemeinsam ist, dass die fleischlosen Gerichte von lokalen Getränken wie Bier und Wodka begleitet werden.

In Polen beispielsweise beginnt man das Festmahl mit einem traditionellen Weihnachtsborschtsch, einer Rote-Bete-Suppe, in der *uszka* schwimmen, kleine, mit Pilzen und gebratenen Zwiebeln gefüllte Teigtaschen. Es folgen eine Pilzsuppe, der Karpfen mit Sauerkraut und Kartoffeln, Heringsfilets mit Gemüse sowie Weihnachts-*pierogi*, mit Kohl, Sauerkraut oder Steinpilzen gefüllte Teigtaschen. Im Osten Polens füllt man die Piroggen mit Trockenpflaumen. Weitere Gänge sind Kohlrouladen, die nicht wie sonst mit Fleisch, sondern vegetarisch, etwa mit Reis und Pilzen, gefüllt sind, und ein Kompott aus Trockenobst (*kompot z suszu*). Anschließend gibt es eine polnische Version von Plumpudding, *kutja*, eine traditionelle Süßspeise aus Weizen, Mohn, Honig, Trockenobst, Mandeln und Walnüssen, alles gut getränkt mit Rot- oder Portwein. Es empfiehlt sich, von jedem Gang etwas zu kosten, denn wer einen Gang auslässt, stirbt im neuen Jahr.

Skandinavien

In Schweden findet das große Weihnachtsessen an Heiligabend statt, am ersten Feiertag gibt es die Reste. Serviert wird ein *julbord*, ein festliches Weihnachtsbuffet mit eingelegtem Hering, gekochtem und geräuchertem Lachs sowie Lachspastete, heißen Würstchen und Fleischbällchen, Kartoffelgratin und Reispudding. Den Mittelpunkt bildet der *julskinka*, der Weihnachtsschinken, ein Erbe des nordischen Göttergeschlechts der Asen, die jede Nacht einen Wildschweineber namens Sährimnir verspeisten. Nach dem Mahl wurden dessen Überreste wieder zusammengesetzt, und Sährimnir wurde wieder zum Leben erweckt, bereit für das Festmahl am nächsten Tag. Zum Essen genießen die Schweden *glögg*, einen schwedischen Glühwein, Kümmelschnaps und *julöl*, ein speziell für Weihnachten gebrautes süßes, dunkles Bier.

In Norwegen und Finnland liebt man an Heiligabend Schwein und Fisch, in Dänemark eher Gans oder Ente. Als Weihnachtsdessert mögen alle Skandinavier Reispudding, eine Süßspeise, die viel interessanter ist, als es zunächst klingt. Jedes Land hat dafür ein eigenes Rezept. Die Norweger aromatisieren ihren Reispudding oder *risengrynsgrøt* mit Zimt, Zucker und Butter. Die Dänen mischen geschlagene Milch, Mandeln und, wenn es üppig sein darf, Kirschsauce unter. In Dänemark und Norwegen versteckt man eine ganze Mandel im Pudding, und der Finder bekommt ein Extrageschenk.

Alle genießen ihre jeweils eigene Version des *glögg* (*glögi* in Finnland), würzen den Glühwein mit Zutaten wie Zimt, Vanille, Ingwer, dem Saft von Erdbeeren, schwarzen Johannisbeeren oder Grapefruit, mit Kirsch- oder Mandellikör.

Japan

Das Weihnachtsfest gelangte von den USA aus nach Japan – und mit ihm der Truthahn als Weihnachtsbraten. Weil Truthahn in Japan nur schwer zu bekommen ist, essen die Japaner stattdessen Hühnchen. Kentucky Fried Chicken erkannte 1974 die Chance und warb mit dem Slogan »*Kurisumasu ni wa kentakkii*« (»Kentucky zu Weihnachten«). Mittlerweile strömen rund vier Millionen Familien an Heiligabend in die Restaurants der Fast-Food-Kette. Ebenso beliebt ist die japanische Weihnachtstorte (*kurisumasu keki*) aus Biskuit mit Erdbeeren und Schlagsahne.

Knallbonbons

Zum Ausklang des Festmahls werden in Großbritannien, Irland und in Commonwealth-Staaten wie Australien, Neuseeland und Südafrika *Christmas Crackers* verteilt und zum Knallen gebracht.

Der *Christmas Cracker*, das Knallbonbon, wurde im 19. Jahrhundert von Tom Smith erfunden, der in der Goswell Road in East London eine Konditorei betrieb. Stets auf der Suche nach neuen Ideen reiste er 1847 nach Paris und stieß dort auf das Bonbon, eine Zuckermandel in einer zusammengedrehten Papierhülle. Er brachte das Bonbon mit nach London und verkaufte es recht erfolgreich als neuartige Weihnachtsleckerei. Aus der Verpackung wurde das bunte Bonbonpapier, wie wir es heute kennen. Tom fügte immer weitere Elemente hinzu: Zunächst legte er Sinnsprüche bei, dann entwickelte er, angeregt durch das Knacken brennender Holzscheite im Kamin, eine Knallvorrichtung, die beim Zerreißen der Hülle explodiert. Das Knallbonbon wurde ein großer Erfolg. Tom beschloss, auf die Süßigkeit zu verzichten und stattdessen nur das Verpackungspapier um eine Röhre aus Karton zu wickeln, in die er neben mit den unvermeidlichen Sinnsprüchen noch billige Schmuckstücke, Spielsachen und Ähnliches steckte. So entstand der *Christmas Cracker*, der bald so erfolgreich war, dass die Produktion in größere Räumlichkeiten am Finsbury Square umzog, wo sie bis 1953 blieb. Nach Toms Tod 1880 ging die Firma an seine Söhne Tom, Henry und Walter über, die das Produkt ihres Vaters weiterentwickelten. Walter führte, in Anlehnung an einen bei den römischen Saturnalien üblichen Brauch, die wie Kronen aussehenden Papierhütchen ein. Man engagierte Autoren für Sprüche, Rätsel und fürchterliche Kalauer. Es wurden spezielle Knallbonbons in allen Formen, Größen und Designs produziert. Gegen Ende des 19. Jahrhunderts hatte sich diese sehr britische Weihnachtstradition fest etabliert. »Tom Smith Christmas Crackers« werden bis heute hergestellt und seit 1909 in einer besonderen Variante an das britische Königshaus geliefert.

Die Weihnachtsansprache der Königin

Am ersten Weihnachtsfeiertag um 15 Uhr versammeln sich Familien in Großbritannien und vielen Commmonwealth-Staaten vor dem Fernseher oder Radio, viele gehen heute auch ins Internet, um die *Christmas Message* der Königin zu verfolgen – eine jährliche Tradition seit bald 90 Jahren.

Die erste vom Rundfunk ausgestrahlte königliche Weihnachtsansprache wurde 1932 von König George V. verlesen. John Reith, der erste Generaldirektor der BBC, hatte den König davon überzeugt, dass der neu eingerichtete *Empire Service* (der heutige *World Service*) es ihm ermöglichen würde, persönlich zum gesamten damaligen Britischen Weltreich zu sprechen. Die Ansprache wurde live aus einem kleinen Radiostudio in Sandringham, Norfolk, gesendet. König George V. erreichte mit seiner vom Autor Rudyard Kipling geschriebenen Rede mehr als 20 Millionen Menschen im ganzen *Empire*, in Großbritannien, Australien, Kanada, Südafrika und Indien. Im Zweiten Weltkrieg dienten die Reden von George VI. als moralische Stärkung für die britischen Soldaten im Ausland und machten die *Christmas Message* zu einem wichtigen Teil des Weihnachtsfests. Königin Elizabeth II. saß bei ihrer ersten Weihnachtsansprache im selben Sessel und am selben Tisch wie ihr Vater George VI. und ihr Großvater George V. Die erste TV-Ausstrahlung kam 1957 ebenfalls aus Sandringham, und erstmals konnten Millionen Menschen erleben, wie die Queen direkt von ihrem Zuhause aus zu ihnen sprach.

Heute wird die Weihnachtsansprache gewöhnlich aus dem Buckingham Palace übertragen und einige Tage zuvor aufgezeichnet, damit sie in Ländern wie Neuseeland, Australien und Kanada zu passenden Uhrzeiten gesendet werden kann. Seit 1997 wechseln sich BBC und ITV bei der Produktion und Ausstrahlung ab; vor einigen Jahren ist auch Sky Television hinzugekommen.

Das Thema der Rede wird nicht von Ministern oder Beratern vorgegeben, sondern vom Monarchen beziehungsweise der Monarchin selbst bestimmt. Das verleiht dieser Ansprache einen besonderen Charakter, ist es doch einer der seltenen Momente, in denen die Queen ihre eigenen Gedanken und Überlegungen zu aktuellen Fragen und Problemen direkt mit ihren Untertanen teilen kann.

Wenden wir uns schließlich und endlich noch dem zweiten Weihnachtsfeiertag zu.

Kapitel 13

Zweiter Weihnachtsfeiertag

Der 26. Dezember ist in Großbritannien, Australien, Neuseeland, Kanada und vielen anderen Staaten des Commonwealth – wie in den meisten europäischen Ländern – ein gesetzlicher Feiertag. In Großbritannien gilt sogar, dass der sogenannte *Boxing Day*, sollte er auf einen Samstag oder Sonntag fallen, auf den darauffolgenden Montag verschoben wird.

Wie kam es zur Bezeichnung *Boxing Day?* Im Mittelalter gab es in vielen britischen Kirchen Almosenkästen, in die man Münzen für die Bedürftigen werfen konnte. Diese Boxen wurden nach dem ersten Weihnachtstag geöffnet, um die Spenden an die Mittellosen zu verteilen. Manche dieser Sammelbehälter hatten die Form eines Schweins – daher die Bezeichnung »Sparschwein«.

Bedienstete bekamen am Tag nach Weihnachten frei, damit sie sich nach der anstrengenden Arbeit des Bekochens und Bedienens ihrer Herrschaft während der Feierlichkeiten erholen oder ihre Familien besuchen konnten.

Außerdem war es üblich, Händlern oder Handwerkern eine »Weihnachtsbox« mit einem Geschenk oder Geld zum Dank für ihre Dienste während des Jahres zu überreichen. Im Dezember 1663 beschrieb Samuel Pepys in seinem Tagebuch, wie er zu seinem Schuhmacher ging und »etwas in das Weihnachtskästchen der Jungs« legte. Diese Tradition hat sich bis heute erhalten, und viele überreichen ihrem Postboten oder Müllmann ein weihnachtliches Trinkgeld.

Vermutlich kam die Bezeichnung *Boxing Day* im 19. Jahrhundert auf, als man Weihnachten in Großbritannien wieder populär machen wollte.

Der *Boxing Day* ist eine säkulare Erfindung und schließt viele weltliche Aktivitäten ein, speziell das Einkaufen, da es sich in vielen Regionen um einen verkaufsoffenen Feiertag handelt. Und das lohnt sich: Im Handel hat der *Boxing Day* inzwischen den Neujahrstag als umsatzstärksten Einkaufstag abgelöst.

Panto

Am *Boxing Day* beginnt traditionell die Zeit der weihnachtlichen Pantomime. Bei dieser speziellen englischen Form der Pantomime, kurz *panto* genannt, handelt es sich nicht um die übliche Kunstform der Darstellung ohne Worte, sondern um eine Mischung aus Musical und Komödie – mit Männern in Frauenrollen und umgekehrt, der Einbeziehung des Publikums und vielen Standardrollen wie der des Trottels oder Narren und des bösen Fieslings.

Die *Music Halls* des späten 19. und frühen 20. Jahrhunderts steuerten die heute typischen Zweideutigkeiten und Widerreden, die Lieder und den zeitgemäßen Witz bei. Die *panto* ist eine vergnügliche Möglichkeit, Kinder ans Livetheater heranzuführen. TV- und Filmstars übernehmen Hauptrollen und locken so ein breites Familienpublikum an.

Sport

Der *Boxing Day* ist seit Langem ein bevorzugter Tag für Sport-Ereignisse – sowohl im Amateur- als auch im Profisport-Bereich –, denn die Menschen nutzen die Gelegenheit, nach den weihnachtlichen Exzessen hinaus an die frische Luft zu kommen. Neben Volksläufen und Wohltätigkeitsveranstaltungen sehen manche in einem erfrischenden Bad im Meer ein probates Mittel gegen jeglichen Kater.

Fußball

Für britische Fußballfans ist das Spiel ihres Clubs am *Boxing Day* ein Highlight der Saison. Das Match hat eine lange Tradition: Beim ersten Spiel am *Boxing Day* 1860 trafen die beiden ältesten Fußballvereine der Welt aufeinander, der FC Sheffield und der benachbarte FC Hallam. Das Spiel gewann der FC Sheffield mit 2 : 0.

Bis in die 1950er-Jahre fanden Spiele sogar an beiden Weihnachtstagen statt, denn damals verdienten Fußballspieler ihr Geld noch mit einem »ordentlichen« Beruf, weshalb die Spiele auf arbeitsfreie Tage gelegt werden mussten. Dann jedoch wurde die Vorstellung, am ersten Weihnachtstag einen Sport auszuüben, zunehmend unpopulär, da die Männer den Feiertag lieber mit ihren Familien verbringen wollten.

Das letzte Match am *Christmas Day* wurde 1957 veranstaltet. Heute versucht die Liga, wegen der Überlastung der öffentlichen Verkehrsmittel am *Boxing Day* möglichst lokale Spielpaarungen zu arrangieren, um die Anreisewege kurz zu halten.

Pferderennen

Auch Pferderennen sind in Großbritannien am *Boxing Day* sehr beliebt. Jedes Jahr stehen an diesem Tag mindestens sechs große Rennen auf dem Programm, darunter das *King George VI Chase* im Kempton Park, das seit 1947 am zweiten Weihnachtsfeiertag ausgetragen wird.

Der *Boxing Day* ist auch der wichtigste Tag im Jagdkalender – mit bis zu einer Viertelmillion Jagdbegeisterten, von denen viele jedes Jahr die rund 250 Jagdtreffen an jenem Tag besuchen. Die Hetzjagd wurde 2004 verboten, heute sind die meisten Veranstaltungen Schleppjagden zu Pferde mit einer künstlich gelegten Fährte.

Cricket

In Australien, wo der zweite Weihnachtstag mitten in die Cricketsaison fällt, ist es üblich, an diesem Tag ein sogenanntes *Test Match*, ein Spiel von Auswahlmannschaften, auszutragen. Das erste *Boxing Day Test Match* fand 1950 in Melbourne in der *Ashes Series* zwischen Australien und England statt. Seit 1980 wird dieses Match jährlich (ausgenommen 1989) auf dem Melbourne Cricket Ground ausgetragen und hat sich zu einem Highlight des australischen Weihnachtsfests entwickelt.

Auch in Neuseeland und Südafrika wird häufig am *Boxing Day* Cricket gespielt.

Stephanstag

Obwohl der zweite Weihnachtstag vorrangig ein weltlicher Festtag ist, hat er doch auch religiöse Aspekte, denn am 26. Dezember wird das Fest des heiligen Stephanus gefeiert, weshalb man den Tag in vielen katholischen Ländern »Stephanstag« nennt.

Der heilige Stephanus wird als erster christlicher Märtyrer verehrt. Er wurde um 34 n. Chr. von Mitgliedern der jüdischen Ratsversammlung zu Tode gesteinigt, weil er sich in seinen Predigten zu Jesus Christus bekannt hatte. Er ist auch der Schutzpatron der Pferde, was möglicherweise erklärt, warum Pferderennen am *Boxing Day* so beliebt sind.

Es gibt ein berühmtes britisches Weihnachtslied, das mit dem zweiten Weihnachtsfeiertag verbunden ist: Es handelt vom »guten König Wenzeslaus«, der am Stephanstag Mitleid mit einem armen Bauern hat.

Wenzel oder Wenzeslaus war Anfang des 10. Jahrhunderts Fürst von Böhmen. Er war im kurz zuvor von seinen Großeltern in Böhmen eingeführten christlichen Glauben erzogen worden. In seiner kurzen Regierungszeit bis zu seiner Ermordung durch seinen eifersüchtigen Bruder Boleslav förderte er das Christentum, baute zahlreiche Kirchen, schuf ein gutes Schulsystem und einen wirksamen Rechts- und Ordnungsrahmen. Immer mehr Geschichten über seine guten Taten und seine Großzügigkeit gegenüber den Armen machten die Runde, und Wenzel wurde bald als Märtyrer und Heiliger anerkannt – der erste tschechische Heilige und nationale Schutzpatron. Er ist in der Wenzelskapelle des Veitsdoms beigesetzt, der am Standort einer von ihm 930 erbauten Rotunde auf der Prager Burg steht. Der Wenzelsplatz, der zentrale Platz in Prag, ist nach ihm benannt, und sein Denkmal dort ist der Sammelpunkt für Kundgebungen tschechischer Patrioten.

Guter König Wenzeslaus
schaut am Stephansfeste,
Schnee lag tief und harsch ums Haus,
weiß war'n Strauch und Äste.

Das Weihnachtslied über den guten König Wenzeslaus wurde 1853 von dem anglikanischen Geistlichen John Mason Neale verfasst. Die Inspiration für den Text holte sich Neale bei einem 1847 veröffentlichten Gedicht des tschechischen Autors Václav Svoboda, für die Musik griff er auf das Frühlingslied »*Tempus Adest Floridum*« aus dem

13. Jahrhundert zurück, das im Jahr 1582 in der Liedersammlung *Piae Cantiones* publiziert worden war.

Obwohl die Weihnachtsgeschichte in dem Lied »*Good King Wenceslas*« nicht erwähnt wird, wurde es zu einem der beliebtesten britischen Weihnachtslieder.

Mit dem zweiten Weihnachtstag sind wir am Ende unserer Betrachtungen über Weihnachten angelangt. Obwohl wir natürlich genau genommen nur zwei der zwölf Weihnachtstage betrachtet haben. Bis zum Dreikönigstag, an dem die Weihnachtsdekoration abgeräumt wird, sind es noch zehn weitere Tage.

Immerhin haben wir die heidnischen Wurzeln des Weihnachtsfests erforscht und gesehen, wie sich das Fest durch die Weite des Römischen Reiches in die meisten Teile der damals bekannten Welt verbreitet hat und im Mittelalter speziell in Deutschland seine weitere Ausprägung fand. In England folgten das Verbot durch die Puritaner und später die Wiederentdeckung der Feierlichkeiten, die von Prinz Albert und Charles Dickens maßgeblich beeinflusst wurden. In den USA prägten dagegen Washington Irving, Clement Clarke Moore und Thomas Nast nachhaltig die Ausgestaltung verschiedener Weihnachtselemente.

Sind wir nun viel gescheiter? Vielleicht nicht, doch es hat Spaß gemacht.

»Zur Weihnacht sei vergnügt, erfreut,
ein Mal im Jahr ist Weihnachtszeit.«

Thomas Tusser,
englischer Dichter aus dem 16. Jahrhundert

Kapitel 14

Kurioses in Kürze

1) Der Geburtstag von Jesus wird in der Bibel nicht erwähnt. Der
   25. Dezember wurde gewählt, weil er als der kürzeste Tag des Jahres
   galt; an diesem Tag wurden die heidnischen Feste zur Wintersonnenwende gefeiert, die die christlichen Autoritäten mithilfe von Weihnachten verdrängen wollten. Jesus wurde allerdings wohl nicht im
   Dezember geboren, denn die Hirten, denen der Engel die Botschaft
   von seiner Geburt verkündete, »lagerten auf freiem Feld und hielten
   Nachtwache bei ihrer Herde«. Im Dezember wären keine Schafe
   draußen auf den Feldern.

2) Die Druiden schmückten während ihrer Winterfeste immergrüne
   Bäume, hängten Nüsse und Früchte an die Zweige als Geschenke für
   die Wintergottheiten.

3) Der moderne Weihnachtsbaum entwickelte sich aus dem Paradiesbaum, der mit Äpfeln behängt bei den Paradiesspielen im Mittelalter
   den Baum der Erkenntnis im Garten Eden darstellte.

4) Der Name »Mistel« verweist auf das althochdeutsche *mist* für Exkre-
   mente, da die Pflanze vor allem durch den Kot von Vögeln verbreitet
   wird. Die Druiden schrieben der Mistel magische Fähigkeiten zu,
   denn sie bleibt auch den Winter über grün. Beim Pflücken durften
   die Misteln, die auf Bäumen und nicht aus der Erde wachsen, nicht
   zu Boden fallen, sonst drohten sie ihre Zauberkraft zu verlieren.

5) Die allererste Weihnachtskarte wurde 1843 von Sir Henry Cole
   verschickt, der auch die erste Briefmarke der Welt entworfen hat.
   Die Karte zeigte ein zeitgenössisches Weihnachtsmotiv, eine Wein
   trinkende Familie, und löste eine Kontroverse aus, weil offensichtlich
   auch ein Kind am Weinglas nippen durfte.

6) Die britischen Postboten bekamen im 19. Jahrhundert wegen ihrer
   roten Uniformen den Beinamen *robin* (»Rotkehlchen«). Wohl auch
   deshalb sind Rotkehlchen ein beliebtes Motiv auf englischen Weihnachtskarten.

7) Zwei der drei meistverkauften Weihnachtslieder aller Zeiten, Irving
   Berlins »*White Christmas*« und Mel Tormés »*The Christmas Song –
   Chestnuts Roasting on an Open Fire*«, wurden unter der Sonne Kalifor-
   niens geschrieben: »*White Christmas*« 1940 an einem Swimmingpool
   in Beverley Hills und »*The Christmas Song*« 1945 während eines
   heißen Sommers im San Fernando Valley.

8) Der Weihnachtshit mit den höchsten Tantiemen jedes Jahr
   (500 000 Pfund) ist der Song »*Merry Xmas Everybody*« von Slade,
   der erstmals 1973 herauskam.

9) Das Gewand von Santa Claus war nicht immer rot, sondern oft grün oder blau. Es war der Karikaturist Thomas Nast, der Santa in seinen Cartoons für *Harper's Weekly* in den 1860er- und 70er-Jahren zu seinem roten Mantel verhalf, wohl in Anlehnung an den roten Bischofsornat des heiligen Nikolaus. Dem Getränkekonzern Coca-Cola kam das sehr gelegen, denn das Rot der Firmenfarbe war identisch mit dem Rot von Santas Mantel, und so nutzte man Santa Claus für Werbezwecke. Manche denken deshalb, Coca-Cola wäre dafür verantwortlich, dass Santas Mantel rot ist.

10) Henry VIII. war der erste König, der Truthahn zu Weihnachten aß. Weil Truthahn bis ins 20. Jahrhundert teuer war, gab es als traditionelles Weihnachtsgeflügel meist Gans.

11) *Christmas Pudding* war ursprünglich ein in einem Kessel über offenem Holzfeuer gekochter Eintopf.

12) Der letzte Sonntag vor dem Advent ist in Großbritannien als »*Stir-up Sunday*«, als »Umrühr-Sonntag« bekannt, an dem jedes Familienmitglied die Zutaten des Plumpuddings beim Kochen einmal umrühren und sich dabei etwas wünschen soll.

13) Rosenkohl enthält mehr Vitamin C als Orangen.

14) Eine schöne Redewendung besagt: Wenn man an jedem der zwölf Weihnachtstage einen *Mince Pie* isst, wird man sich im neuen Jahr einer guten Gesundheit erfreuen.

15) Der *Christmas Cracker*, das Knallbonbon, wurde 1847 von dem Londoner Konditor Tom Smith erfunden, der dazu von einer in ein Stück Papier eingewickelten französischen Süßigkeit, *bonbon* genannt, inspiriert wurde.

16) Die erste königliche Weihnachtsansprache im Britischen Weltreich wurde 1932 von King George V. verlesen und vom Radiosender BBC ausgestrahlt. Verfasst hatte sie Rudyard Kipling.

17) Der zweite Weihnachtstag wird in den Commonwealth-Staaten *Boxing Day* genannt, weil im Mittelalter an diesem Tag aus den Almosenboxen der Kirchen Geld an Bedürftige verteilt wurde.

Über den Autor

Christopher Winn ist Historiker und freischaffender Autor und sammelt seit über 20 Jahren Wissenswertes aus aller Welt. Unter anderem war er für *Children in Need*, eine Wohltätigkeitsorganisation der BBC, tätig. Er verfasste Artikel für den *Spectator*, die *Daily Mail*, den *Daily Telegraph*, *Guardian*, *Daily Express* und für *The Field* und stellt Quizfragen für das Fernsehen und große Zeitungen zusammen. Winns Buchreihe *I Never Knew That* ist ein Bestseller mit über einer Million verkaufter Exemplare.

Danksagung

Ich danke Kajal Mistry und ihrem Team bei Hardie Grant; ohne ihre Beratung, Führung und Begeisterung wäre dieses Buch nie realisiert worden.

Ein besonderer Dank geht an Eila Purvis für ihre Geduld und Nachsicht und die viele Arbeit, die sie mit dem Aufspüren meiner Fehler und dem In-Form-Bringen meines Manuskripts hatte.

Bei den Designern von NotOnSundy und Hollie Brown möchte ich mich für die wunderbaren Illustrationen bedanken.

Quellen

Benson, Arthur Christopher: *The Life of Edward White Benson, Sometime Archbishop of Canterbury*, 1899

Catholic Encyclopedia

Dickens, Charles: *A Christmas Carol*, 1843 (dt.: *Eine Weihnachtsgeschichte*, 1844)

Encyclopedia Britannica

Irving, Washington: *A History of New-York*, 1809

Miles, Clement A.: *Christmas in Ritual and Tradition, Christian and Pagan*, 1912

Moore, Clement Clarke: »*A Visit from St Nicholas*«, 1823 (anonym veröffentlicht)

Old Farmer's Almanac – www.almanac.com

St. Nicholas Center – www.stnicholascenter.org

Stow, John: *A Survey of London*, 1603

Victoria and Albert Museum – www.vam.ac.uk

Die englische Originalausgabe erschien 2018
unter dem Titel *The Book of Christmas* bei Hardie Grant Books,
einem Imprint von Hardie Grant Publishing.

Text: © Christopher Winn 2018
Illustrationen: © Hollie Brown 2018

Erste Auflage 2020
© 2020 der deutschen Ausgabe: DuMont Buchverlag, Köln
Alle Rechte vorbehalten

Verlagskoordination: Marisa Botz
Übersetzung: Heinrich Degen
Lektorat: Kerstin Thorwarth
Satz: mittelstadt 21, Vogtsburg-Burkheim

Printed and bound in Italy

ISBN 978-3-8321-9987-6
www.dumont-buchverlag.de